세계육상도시, 대구

2011 대구세계육상경기대회 10주년

세계육상도시, 대구

편저자 김관영

1판 1쇄 인쇄 2022년 1월 17일
1판 1쇄 발행 2022년 1월 21일

발행처 (주)지혜의가람
발행인 유정희

서울시 강서구 공항대로 65 가길25, 202호
전화: (02) 3665-1236 / 팩시밀리: (02) 3665-1238
E-mail: garamwits@naver.com

등록번호 제 315-2012-000053호
등록일자 2012년 5월 17일

값 12,000원

ISBN 978-89-97860-12-8 03690

세계육상도시, 대구

2011 대구세계육상경기대회 10주년

김관영 편저
(전 한국육상진흥회 사무국장)

재단법인 한국육상진흥회

차 례

권두언

대구세계육상대회가 개최된 지도 어언 10년이라는 세월이 흘렀습니다. 대회를 유치했을 때의 환희를, 대회 기간 중의 우리 열정, 그리고 대회를 성공적으로 마쳤을 때의 감동을 잊은 지도 오랩니다.

그러나, 대구대회야말로 무에서 유를 창조해낸 대구의 자랑이요, 한국 육상의 기념비적 위업입니다.

이번, 한국육상진흥회의 사무국장을 역임한 김관영 씨가 대구대회의 유치로부터 대회의 과정, 그리고 본 대회 성과와 의의를 재조명하여 한 권의 책으로 엮었습니다.

참으로 뜻있는 작품이 되었습니다. 왜냐하면, 이 기록은 세계육상의 관례와 한국육상의 진면모를 알기 위해서, 또 장차 우리 체육계가 국제 이벤트를 유치하는 데도 좋은 참고가 될 것이기 때문입니다.

2011 대구세계육상대회를 큰 성공으로 이끌어 준 대구시민 여러분께 이 책을 바칩니다.

2021년 12월

박정기

한국육상진흥회 이사장

제1부

2011 대구 세계육상선수권대회와 한국육상진흥회

김 관 영

전 한국육상진흥회 사무국장

Ⅰ. 대회 유치단계

1. 대회 유치활동

뜻밖의 전화 한통

2004년 봄 어느날, 뜻밖에도 한국육상진흥회 박정기 이사장에게 세계정구연맹 박상하 회장[1]으로부터 전화가 걸려왔다.

"행님, 밥 한 끼 사주이소."

박 이사장은 반가운 나머지 흔쾌히 오찬 약속을 했다. 둘은 동향(同鄕) 출신에다 재계와 체육계에서 왕성한 활동을 하고 있던 터라 각종 행사때마다 종종 만나던 사이다.

박정기 이사장은 며칠 후 마포 사무실 근처 한 한정식집에서 그를 만났다. 대구광역시 이상길 체육과장(현 대구문화예술대학장)과 박희준 계장(현 대구광역시 문화체육국장)이 동행했다.

그는 불문곡직(不問曲直) 2009년 세계육상대회를 유치하려고 하니 도와달라는 것이었다. 한술 더 떠 이미 대한육상경기연맹에 유치의향서를 제출했다는 게 아닌가. 박 이사장은 뜬금없는 그들의 요청에 뒤통수를 한 대 얻어맞은 기분이었다.

1) 대구 출신인 박상하(1945~2019) 회장은 1994년 세계징구연맹회징에 취임하여 세계 정구계를 이끌었고, 2000년 아시아올림픽위원회 부위원장을 역임했으며, 2011년에는 2018평창동계올림픽 유치위원회 특별위원으로서 유치에도 크게 기여했다.

그들 얘기의 요지는, 바로 전년도인 2003년에 대구에서 세계 유니버시아드대회를 개최했는데, 대회 운영을 잘했다는 평가는 물론 흑자까지 달성하자, 자크 로게(Jacques Rogge, 1942~2021) 국제올림픽위원회(IOC) 위원장이 "대구시의 대회 운영 능력과 경기장 시설 정도면 세계육상대회를 개최해도 충분하다."며 대회 유치를 적극 권유하더라는 것이었다.

세계 스포츠 최고 권위의 IOC 위원장에게 큰 찬사를 받은 그들은 몹시 고무되어 있었다. 사실 대구시는 예전엔 서울과 부산에 이은 확고한 국내 3대도시로 자부했었다. 그러나 1990년대 들어서면서부터 그 위상이 점점 추락하였고, 경제적 상황 또한 급속도로 악화되어 가고 있었다. 그래서 대구시로서는 무엇인가 대내외적으로 이미지를 향상시킬 모멘텀이 절실히 필요하던 차에, 세계육상선수권대회 개최 방안이 강력하게 부상하게 된 것이다.

그러나 1985년 대한육상경기연맹 회장을 맡아 오랫동안 육상계에 몸담아 오면서 국제육상연맹(IAAF) 내부의 동향, 치열한 대회 유치 경쟁, 대회의 격(格)이나 수준 등에 대해 너무나도 잘 알고 있던 박 이사장으로서는 그들의 주장에 마냥 동조하고 있을 수만은 없었다. 무엇보다도 취약하고 열악한 한국의 육상 수준에서 언감생심(焉敢生心) 세계육상대회라니… .

박 이사장은 세계육상대회는 유럽, 미주 등에서 인기가 높아서 오죽하면 4년 주기의 대회를 2년으로 변경할 정도로 유치전이 치열하며, 우리의 육상경기 수준과 인기도를 대회를 열 수 있을 정도의 수준으로 끌어올리려면 많은 시간이 필요할 것이라는 등등의 원론적인 이야기를 하고 헤어졌다.

그러나 박 이사장의 걱정 어린, 다소 부정적인 시각과는 달리 대구시의 의지는 확고했다. 얼마 지나지 않은 2004년 4월 13일, 김범일 당시 대구시 정무부시장이 체육과장을 대동하고 또 박 이사장을 찾아온 것이다.

육상진흥회는 그들과 만나기로 약속한 날 오전에 긴급이사회를 소집했다. 박 이사장은 대구시의 대회 유치 계획을 설명하면서, 2009년 대회 개최는 베를린이 사실상 확실시되는 IAAF 내부의 분위기가 있으므로, 2009년 대회 대신 2011년 대회 유치를 목표로 해야 한다고 주장했다. 또한 단계별 유치계획, 세부 유치전략 등을 수립하여 한국육상진흥회가 유치에 적극적으로 협조한다는 방침을 이사들의 동의를 얻어 확정하였다.

이러한 이사회 결정 내용을 오찬 시 김범일 부시장에게 전달하며, 세계육상경기대회 유치에 나서는 대구시에 고맙다는 인사와 함께 대회 유치를 위해 서로 협력하기로 다짐했다.

86아시안게임을 1년여 앞두고 각 대기업에서 스포츠 경기종목을 하나씩 맡아 중점적으로 육성하라는 정부의 방침에 의거하여, 당시 한국전력공사 사장이었던 박 이사장이 기초종목인 대한육상경기연맹 회장을 맡게 된 것이 1985년 1월이다. 이후 12년의 재임기간 동안 임춘애의 86 아시안게임 3관왕 신화, 황영조의 92 바르셀로나 올림픽 마라톤 제패, 이봉주의 94 히로시마 아시안게임과 보스턴 마라톤 제패 등 열악한 환경 속에서도 나름의 성과를 달성했다는 세간의 평가를 받고 있었던 그였다.

그렇지만 세계 각국의 유수 도시에서 열리는 세계육상경기대회의 뜨거운 열기와 감동을 바라보면서 그는 그저 늘 부럽게만 쳐다볼 수밖에 없었다. 여러 어려운 여건 하에서도 1992년 제4회 세계주니어육상대회(World Junior Championships in Athletics)를 서울에 유치하여 성공적으로 개최하기는 했었지만,[2] 세계육상대회와는 그 규모와 위상, 세계의 관심 정도 등에서 비교가 되질 않았다.

그런데 이제 서서히 공식적인 육상 인생을 정리해야 하는 시점에 서있는 박 이사장이 늘 아쉬워하고 부러워했던 염원을 대구시가 스스로 나서서 개최하겠다니, 그로서는 여간 감사한 일이 아닐 수 없었다. 그것도 박 이사장의 고향 대구에서 말이다. 그가 혼신을 다해 대회 유치에 임할 수밖에 없는 이유였다.

2009년에서 2011년으로

박 이사장의 조언과 여러 상황을 고려해 바로 대구시는 대한육상경기연맹을 통해 2004년 6월 30일, 2009년 대회 유치를 철회한다는 공문을 IAAF에 발송하였다. 육상연맹의 조치와는 별도로 박 이사장은 IAAF 회장을 비롯한 집행이사들에게 일일이 '대국적인 차원에서 2009년 대회 유치는 철회하지만 모처럼 불어온 육상 후진국의 열의가 식어서는 안 된다'는 내용의 서한을 보냄으로써, 2011년 대회 유치에 적극적인 지원을 확보하기 위한 명분을 쌓았다.

Dear President,

I hope this letter finds you healthy and happy.

I have met with sports representatives of Daegu City on 2 June 2004, who just returned from Monaco. We had in-depth discussion on the hosting of the World Championships. They now understand the atmosphere and proceedings of the IAAF. Therefore, the City of Daegu will official-

2) 1992년 9월 16일부터 20일까지 잠실종합운동장에서 연린 이 대회에는 91개국에서 954명의 주니어 선수가 참가했다. 마라톤 등 육상 장거리부문에서 27개의 세계기록을 수립한 게브르셀라시에(Haile Gebrselassie)와 중거리의 신화 엘 게루즈(Hicham El Guerrouj)가 세계무대에 처음 등장한 대회이다.

ly withdraw their bid for the Championships sometime next week.

Now that Daegu city has made its decision, all the responsibilities for hosting the 2011 World Championships rest on my shoulders. It was I who had persuaded them to try hosting the 2011 Championships, which was suggested as a means for giving up their 2009 Championships bid. All I have to do now is try my best to help them host the 2011 World Championships and keep their enthusiasm gor the athletics.

As we are aware, hosting the Championships is one thing, and the success of the event is another. For the successful Championships, Daegu City should focus their attention on the following three areas. Firstly, the City of Daegu should meet the guidelines set by the IAAF. Secondly, it should enhance the popularity of the athletics in the city, and contribute to the promotion of athletics nationwide, in Asian countries and in the world. Lastly, Daegu City's championships should measure up to the IAAF ideal.

It is my sincere wishes that you understand Daegu City's great enthusiasm for the athletics, and I look forward to your unsparing advise and leadership so that the City's dream could be realized.

With highest esteem,

Rocky Park

비록 포기는 하였지만, 2009년 대회 유치의향서 제출은 IAAF 회장과 집행이사들에게 대구시의 유치 열의와 육상 발전에의 의지를 주지시키는 충분한 효과가 있었다.

박 이사장은 2004년 말 IAAF 집행이사들과 전 세계 육상 관계자들에게 이러한 내용을 골자로 하는 연하장을 다시한빈 보냄으로써 그들에게 '대구'라는 도시를 인식시키고, 2011 대회 유치를 위한 사전 포석을 깔았다.

박 이사장이 집행이사로 당선된 1991년 이후 한 번도 거르지 않은 연례행사가 바로 연하장 발송작업이다. IAAF 집행이사 및 사무국 직원, 세계 각국의 220여 육상연맹 회장과 사무총장 등 육상관계자 500여 명에게 일일이 친필로 사인을 하여 발송한다. 달랑 한 장짜리 연하장이 아니다. 세계의 정세나 이슈, 체육계 및 육상계의 동향은 물론 때로는 개인적인 가정사를 내용으로 하는 장문의 편지를 곁들인 연하장이다. 또한 매번 아름다운 한국의 자연경관을 담은 탁상용 카렌다를 제작하여 동봉한다. 때로는 박 이사장의 영문판 저서를 동봉하기도 한다. 매년 연말이 되면 '이번 연하장의 이슈는 무엇일까', '이번 카렌다는 어떤 그림일까' 하면서 박 이사장의 연하장을 기다린다는 인사들이 있을 정도로 세계 육상계에서는 꽤 인기가 있다고 알려져 있다.

20여 년 동안 한 해도 빠짐없이 해온 작업이다 보니 세계 육상계에서 박 이사장의 얼굴을 모르는 사람은 있어도, 그의 영어 이름 '로키 박(Rocky Park)'을 모르는 사람은 아마 없을 것이다.

2009년 대회 철회 이후 대구시에서는 유관기관, 정부, 국회와 논의와 심의를 지속적으로 거쳐나갔고, 2005년 1월 21일 최종적으로 '2011년 세계육상선수권대회' 국내 개최지로 대구를 확정하기에 이르렀다.

2. 국제육상연맹과 집행이사회

국제육상연맹(IAAF)

그러면 대구시가 세계육상대회를 유치하기 위해서 대한육상경기연맹 회장을 오래 전(1996년)에 그만 둔 박 이사장을 거듭 찾아온 이유는 무엇일까? 물론 박 이사장의 오랜 육상 경험을 듣기 위한 이유도 있었겠지만, 무엇보다 박 이사장이 국제육상연맹(IAAF)의 최고 의사결정기구인 집행이사회(IAAF Council)의 현직, 그것도 4선의 집행이사이기 때문일 것이다.

1912년 스웨덴의 스톡홀름에서 27개국을 회원국으로 창설된 IAAF는 육상 경기 종목을 총괄하는 최상급 국제기구로, 본부는 창설 당시 헬싱키(1921~1946)에 두었다가 이후 런던(1946~1993)을 거쳐 1993년부터는 모나코에 두고 있다. 회원 가맹국 수가 2021년 현재 212개국으로 UN가맹국 수보다도 많은, 사안에 따라서는 IOC와도 파워 경쟁을 벌일 수 있는 매머드 단체이다.

IAAF라는 명칭은 1912년부터 2001년까지는 International Amateur Athletic Federation의 약어(略語)였으나 프로와 아마추어의 경계가 모호해지면서 2001년부터는 '아마추어'를 명칭에서 제외하였다. IAAF 명칭은 2019년 6월 8일 모나코에서 열린 집행이사회에서 세계육상연맹(WA, World Athletics)으로 변경하였고, 동년 9월 26일 카타르 도하에서 열린 총회에서 승인되어 현재 공식 명칭은 WA로 사용되고 있다. 그러나 이 책에서는 명칭 변경 전인 2011년 대구국제육상경기대회에 관한 이야기이기 때문에 과거 명칭인 IAAF를 계속 사용하기로 한다.

집행이사회(IAAF Council)

이 IAAF 조직 중 최고 의사결정기구인 집행이사회(Council)는 회장 1명, 수석부회장 1인을 포함한 부회장 4명, 재무관(Treasurer) 1명, 집행이사 22명, 사무총장 1명 등 총 29명으로 구성되어 있다. 단 사무총장은 의결권은 없다. 집행이사는 당연직으로 선출되는 각 대륙연맹 대표 6명을 제외하고, 16명의 개인 멤버(Individual Member)를 각국 육상연맹 회장이 직접투표로 선출한다. 지금은 또 규정이 변경되었지만, 2007년 당시에는 이 16명 중 3명의 여성(Female) 멤버는 별도로 선출하였는데, 탈락한 여성 후보가 다시 개인 멤버 선거에 출마하게 되므로 그 경쟁은 더욱 치열했다.

박 이사장은 1991년 일본 도쿄에서 열린 IAAF 총회(Congress)에서 처음 집행이사에 당선된 이래 2007년 당시까지 내리 4선을 달성하여, IAAF 내에서도 선임자가 몇 안 될 정도로 그 위상과 인지도가 매우 높았다.

육상 선수 경력도 없는 비(非)영어권의 육상 후진국 출신인 박 이사장이 2003년 선거에서 연속 4선을 달성하자 국제 육상계 내에서는 '불가사의'한 사건(?)으로 회자되기도 하였다. 이 '불가사의'는 계속되어 박 이사장은 대구세계육상대회 유치 이후 치른 두 번의 선거(2007년, 2011년)에서 모두 당선되어 6연임에 재임기간 총 24년이라는 놀라운 기록을 남기고 2015년 은퇴, 종신 명예집행이사가 된다.

뿐만 아니라 박 이사장은 2005년부터 IAAF 내에서도 경륜과 관록이 있는 인사들만 임명되는 국제육상재단(IAF; International Athletics Foundation)의 집행위원으로도 활약하고 있었다.[3] 모나코의 알버트 대공

3) 1986년 창설된 IAF는 전 세계 육상 선수, 지도자, 회원국 연맹이 최상의 조건

(Prince Albert Ⅱ)이 육상재단의 명예회장이다.

이 다선(多選)의 과정이 모두 쉽게 저절로 이루어진 것은 아니다. 비(非)영어권의 육상 후진국이라는 불리한 여건에 경쟁 또한 치열하다보니 남들보다 몇 배의 땀과 노력과 정성이 들어갔음은 물론이다. 선거권을 가진 각국 육상연맹 대표자(Delegate)들의 취향과 관심사를 알아야 함은 물론 대륙별, 언어권별로 차별화된 대응전략이 필요하고, 또 개개인간의 친소(親疏) 관계까지 파악해야 하는 지난(至難)하고 세심한 전략이 필요한 작업이다. 박 이사장의 강한 추진력에 특유의 친화력과 인품이 있었기에 가능했음은 불문가지.

위기가 없었던 것은 아니다. 2003년 8월, 파리에서 있을 집행이사 선거를 목전에 둔 7월, 박 이사장은 캐나다 쉐르브룩(Sherbrooke)에서 열린 제3회 세계유소년육상대회(World Youth Championships in Athletics)의 상소심판(Jury of Appeal)으로 참석하고 귀국하다 경유지인 벤쿠버에서 끔찍한 교통사고를 당하였다.

한 달 여밖에 남지 않은 선거 준비로 촌각을 다투는 중요한 시점이었는데, 얼굴뿐만 아니라 오른쪽 팔과 다리가 골절되어 깁스를 하는 등 완치되려면 몇 개월이 걸릴지 모르는 참담한 상황이었다. 걱정에 가득 찬 가족들의 압력으로 출마 포기까지도 고려하던 박 이사장은 특유의 강인한 정신력으로 마음을 다잡고 출마를 강행한다.

"스포츠맨이 부상 때문에 중도에 포기하는 것은 스포츠맨십에 위배되는 것이다." 그의 평소 지론(持論)이다.

에서 훈련할 수 있도록 교육, 과학, 기술 및 사회 활동을 위한 다양한 프로그램의 지원을 통해 세계 육상의 지속적 발전에 기여하고 있다. 창설 이래 400여 프로젝트에 3천5백만 달러 이상을 지원하였다. 매년 연말 모나코에서 육상 축제를 주관하며, '올해의 선수(Athletes of the Year)'를 선정, 시상한다.

드디어 8월, 집행이사 선거가 열리는 총회장인 파리 루브르박물관의 컨퍼런스홀에 양쪽에 목발을 짚은 박 이사장이 등장하자 참석한 각국의 대표자들은 우레와 같은 박수로 그를 맞이했다. 그때까지 역대 개인 최고 성적인 5위로 당선되었음은 물론이다. 현 세계육상연맹 회장이며 2012 런던올림픽 조직위원장으로 영국의 육상 영웅인 세바스찬 코보다도 5표나 더 얻은 것이다.

박 이사장이 만약 그때 주변의 충고대로 출마를 중도 포기했다면 어떻게 되었을까? 과연 2011년 대구세계육상대회 유치는 가능했었을까? 생각만 해도 끔찍한 일이 아닐 수 없다.

박 이사장이 치른 역대 집행이사 선거 결과를 요약해 보면 다음과 같다.

구분	1991	1995	1999	2003	2007	2011
개최지	도쿄 일본	예테보리 스웨덴	세비야 스페인	파리 프랑스	오사카 일본	대구 한국
입후보자	미상	25	26	30	29	31
경쟁률	미상	1.9 : 1	2.0 : 1	2.3 : 1	2.6 : 1	3.5 : 1
득표수	미상	114(7위)	126(10위)	114(5위)	148(7위)	116(5위)
총투표수	미상	191	199	191	198	198

＊ 2007년, 2011년은 대구대회 유치 결정 이후

3. 세계육상선수권대회

세계 최고, 최대 육상대회

그러면 IAAF가 주관하는 세계육상선수권대회(World Championships in Athletics)는 어떤 대회인가.

이 대회는 세계 최대 육상대회로 하계올림픽, 월드컵과 함께 세계 3대메이저 스포츠 대회라 불린다. 1983년 핀란드 헬싱키에서 처음으로 열렸으며, 1991년 제3회 일본 도쿄 대회까지는 4년마다 개최되다가, 워낙 인기가 높아 유치전이 뜨거워지자 도쿄 대회 이후부터는 2년 간격으로 열리고 있다. 두 번의 대회 중 한 번은 늘 올림픽이 열리는 전 해에 열리게 되어 있어, 올림픽 육상종목의 메달 색깔을 미리 가늠해 볼 수 있다는 또 다른 의미도 갖는다.

만약 대구가 세계육상대회 유치에 성공하면 이탈리아, 일본, 독일, 스웨덴, 스페인, 프랑스에 이어 세계에서 7번째로 3대 메이저 스포츠 대회를 모두 개최하는 나라가 되는 것이다.

역대 세계육상대회를 정리해 보면 다음과 같다.

회	년도	기 간	개최지	종목	참가국	참가선수
1	1983	08.07-08.14	헬싱키, 핀란드	41	153	1,333
2	1987	08.28-09.06	로마, 이탈리아	43	157	1,451
3	1991	08.23-09.01	도쿄, 일본	43	164	1,517
4	1993	08.13-08.22	슈투트가르트, 독일	44	187	1,689
5	1995	08.05-08.13	예테보리, 스웨덴	44	191	1,804
6	1997	08.01-08.10	아테네, 그리스	44	198	1,882
7	1999	08.20-08.29	세비야, 스페인	46	202	1,821
8	2001	08.03-08.12	에드먼턴, 캐나다	46	189	1,677
9	2003	08.23-08.31	파리, 프랑스	46	198	1,679
10	2005	08.06-08.14	헬싱키, 핀란드	47	191	1,688
11	2007	08.24-09.01	오사카, 일본	47	197	1,800
12	2009	08.15-08.23	베를린, 독일	47	200	1,895
13	2011	08.27-09.04	대구, 한국	47	204	1,945
14	2013	08.10-08.18	모스크바, 러시아	47	203	1,970
15	2015	08.22-08.30	베이징, 중국	47	205	1,771

16	2017	08.05-08.13	런던, 영국	48	205	2,036
17	2019	09.28-10.06	도하, 카타르	49	206	1,772
18	2022	07.15-07.24	유진, 미국*	-	-	-
19	2023	08.18-08.27	부다페스트, 헝가리	-	-	-

* 2022년 제18회 대회는 원래 2021년 8월 6일부터 8월 15일까지 열릴 예정이었으나, 2020년 도쿄 하계 올림픽이 코로나 팬데믹으로 인해 1년 연기됨에 따라 IAAF는 2022년 7월 15일부터 7월 24일까지로 변경하기로 결정했다.

개최지 결정 절차

세계선수권대회 개최지는 어떻게 결정되는가? 바로 IAAF 집행이사회에서 집행이사의 유효투표 가운데 과반수를 획득한 도시로 결정된다. 1차 투표에서 과반수 득표 도시가 나오지 않을 경우, 최저 득표 도시를 제외하고 2차 투표를 실시하고, 2차에서도 과반수 도시가 없을 경우, 과반수가 나올 때까지 투표를 계속할 수도 있고, 아니면 회장이 결정권(casting vote)을 행사하여 개최도시를 결정할 수도 있다. 집행이사 28명의 손에 개최지의 운명이 걸려있는 것이다.

그러면 개최지 결정 투표권을 가진 2007년 당시 집행이사들은 어떤 사람들인가 간단하게 살펴보기로 한다.

먼저 라민 디악(Lamine Diack, 세네갈) IAAF 회장은 1991년부터 수석부회장으로 재임 중이던 1999년 네비올로(Primo Nebiolo, 이탈리아) IAAF 회장의 급작스런 서거로 회장 직무대리를 맡게 된 이후 노회한 장악력으로 2015년까지 회장으로 재임하였다. 세네갈 체육부장관, 국회부의장을 역임한 관료 출신으로 당시 현직 IOC 위원이었다. 2021년 12월 88세의 일기로 타계했다.

수석부회장 륑비스트(Arne Ljungqvist, 스웨덴)는 저명한 의학박사로 스웨덴 국왕보좌경(卿)을 역임하였다. 1976년부터 집행이사, 1981년부터는 부회장, 1999년부터 수석부회장을 맡아온 IAAF의 산 증인이다. 헬싱키올림픽(1952)에도 출전했던 높이뛰기 선수 출신이며 IOC 위원, 도핑 분야의 권위자로 세계반도핑기구(WADA) 부회장을 맡는 등 스포츠계에서는 '도핑사냥꾼(Doping Hunter)'으로 불렸다.

부회장은 모두 3명인데, 디겔(Helmut Digel, 독일) 부회장은 1995년부터 집행이사, 2001년부터는 부회장을 맡아온 튀빙겐 대학 교수 출신으로, 1993년부터 2001년까지 독일육상연맹 회장을 역임하였다. 2007년 당시 IAAF 마케팅위원장이었는데, 마케팅위원으로 함께 활약했던 박 이사장과는 매우 절친한 사이이다. 박 이사장의 초청으로 여러 차례 방한(訪韓)한 적이 있으며, 후에 2011 대구세계육상대회 평가 실사(site visit) 단장에 임명되어 대구와는 더욱 각별한 관계가 된다.

프랜시스(Amadeo Francis, 푸에르토리코) 부회장은 1976년 집행이사, 1999년에 부회장에 선임되었다. 헬싱키(1952), 멜버른(1956) 올림픽에도 출전한 선수 출신으로, 2007년 당시 북중미카리브지역(NACAC) 육상연맹 회장을 맡고 있었다. 2003년 한국육상진흥회에서 주최한 "여성스포츠의 발전 방향" 주제의 세미나에 발제자(Keynote Speaker)로 초청받는 등 박 이사장과 매우 가까운 사이이다.

루다팽(樓大鵬, Dapeng Lou, 중국) 부회장은 1984년부터 집행이사, 1999년부터 부회장으로 재임해 오고 있으며, 1997년부터 2002년까지 중국육상연맹 회장을 역임하였다. 해박한 육상 지식과 완벽한 영어 구사로 IAAF 내에서도 이론가로 통한다. 박 이사장의 저서에 '제갈공명의 현신(現身)'이라 표현할 정도. 박 이사장과는 육상뿐 아니라 제반 신상 문제에 대해서도 수시로 상의하는 절친한 사이이다.

재무관 뿍쪼뷔(Jean Poczobut, 프랑스)는 1995년에 집행이사, 2005년에 재무관으로 당선되었으며, 프랑스 육상연맹 회장(1993~1995)을 역임하였다.

알 하마드(Dahlan Al-Hamad, 카타르)는 2003년 집행이사에 당선된 카타르육상연맹 회장으로, 2013년에는 아시아육상연맹 회장으로 선출되었다. 현역 육군 장군으로 역시 군 출신인 박 이사장과 마음이 통하는 사이다. 현재도 아시아 지역대표로서 집행이사로 계속 활동하고 있다.

베일리(Bill Bailey, 오스트레일리아)는 1998년 오세아니아 지역대표로서 당연직 집행이사에 선출되었다. 오스트레일리아의 브리즈번을 유치신청 도시로 내세운 경쟁자이다.

부브카(Sergey Bubka, 우크라이나)는 IAAF 세계육상대회 6연패(1983~1997)에 35차례나 세계기록을 달성하여 '날으는 인간 새'라고 알려진 불세출의 장대높이뛰기 선수 출신으로 2001년부터 집행이사로 활약하고 있으며, 장래 스포츠계를 이끌 거목으로 인정받고 있다. 당시 IOC 위원이었으며, 현재 IAAF 수석부회장이다. 그는 박 이사장과 호형호제(呼兄呼弟) 했던 이고르(Igor Ter-Ovanesyan, 러시아)[4] 전 집행이사의 구 소련 시절 제자여서 더욱 각별한 사이다.

추에니(Leonard Chuene, 남아프리카공화국)는 아프리카 지역대표로 1999년부터 당연직 집행이사에 선임되었고, 남아공 육상연맹 회장을 역임하였다.

세바스찬 코(Lord Cebastian Coe, 영국)는 2003년에 집행이사에 선임되었으며, IOC 선수위원장을 역임하였다. 2012 런던올림픽 조직위원장으로 활약하였으며, 2015년 디악 회장 후임으로 IAAF 회장에 당선되어 현재까지 재임하고 있다. 올림픽 1500m에서 2개의 금메달과 800m에서

---

4) 멀리뛰기에서 두 차례 세계기록을 수립하였고, 올림픽에서 2개의 동메달(로마 1960, 도쿄 1964)을 획득한 유명한 선수 출신이다,

2개의 은메달을 획득한 육상 스타 출신으로, 통산 여덟 번의 세계기록을 작성하였다. 두 차례 하원의원에 당선되었고, 귀족 칭호를 받은 영국의 영웅이다.

엘 무타와켈(Nawal El Mouawakel, 모로코)은 1995년부터 집행이사를 맡고 있는 IOC 위원으로, 모로코 최초, 아프리카 여성 최초의 올림픽 금메달리스트(LA올림픽 400m 허들)이다. 모로코 체육부장관을 역임하였다. 현 IAAF 집행이사 겸 IAF 집행위원이다.

데 멜로(Roberto de Melo, 브라질)는 1991년 남아메리카 지역대표로 집행이사에 선임되었고, 당시 남아메리카육상연맹, 브라질 육상연맹 회장이었다. 브라질의 저명한 변호사로 그가 소장한 고대올림픽 자료 등은 IOC에서 별도 전시회를 열 정도로 올림픽 관련 기념품의 세계적인 콜렉터로 알려져 있다. 현재 그의 아들 헬리오(Helio)가 남아메리카 지역대표를 이어받아 집행이사로 활약하고 있다.

허쉬(Bob Hersh, 미국)는 1999년에 집행이사에 당선되었다. 올림픽의 육상경기와 세계육상대회의 유명한 장내 아나운서 출신으로, 부부가 하버드 법대 출신 변호사이다. 뉴욕에서 학업과 직장생활을 하던 박 이사장 손녀의 후견인을 자처하는 등 가족들과도 친분이 깊다.

호프만(Abby Hoffman, 캐나다)은 1995년 집행이사에 당선되었고, 캐나다올림픽위원회 최초의 여성 집행위원이다. 올림픽 800m에 4회 출전한 선수 출신으로, 육상 관련 규정과 연구 분야의 실력자로 알려져 있다.

환토레나(Alberto Juantorena Danger, 쿠바)는 1987년부터 집행이사를 맡고 있는, 몇 안 되는 박 이사장보다 다선(多選) 인사. 현직 쿠바 체육부 차관이다. '달리는 말(El Caballo)'이라는 별명으로 1976년 몬트리올 올림픽에서 역사상 처음으로 단거리인 400m와 중거리인 800m를 동시에 석권한 유명한 선수 출신이다. 쿠바에서 한국의 기아 카니발 자동차를 애용하는데, 한국에 올 때마다 쿠바에서는 구하기가 쉽지 않다며 부품을 구해달라는 통에 조직위원회 직원들이 애를 먹기도 하였다. 현 집행이사.

칼마디(Shri Suresh Kalmadi, 인도)는 2001년부터 아시아 지역대표(아시아육상연맹 회장)로 당연직 집행이사에 진출하였다. 인도의 국회의원으로 철도청장관, 올림픽조직위원장을 역임하였다.

카네르바(Ilkka Kanerva, 핀란드)는 2003년 집행이사로 당선되었고, 2005년 헬싱키세계육상대회 조직위원장을 맡아 대회를 성공적으로 이끌었다. 핀란드 재정부장관을 역임한 당시 현직 국회의원이자 국회부의장. 박 이사장의 요청으로 2005년 헬싱키대회의 성공 경험을 대구에 많이 전수해 준 숨은 조력자이다.

키플라갓(Isaiah Kiplagat, 케냐)은 1999년 집행이사로 당선된 현직 케냐 육상연맹 회장이다. 개최지를 결정하는 집행이사회가 2007년 3월 27일, 케냐의 몸바사에서 열리기 때문에 우리에게는 중요한 인사.

키리아쿠(Minox Xen. Kyriakou, 그리스)는 2003년 집행이사에 당선된 그리스 아테나 TV 사주이며 '선박왕'으로 알려진 거부. 한국 방문 시마다 공항에서부터 현대중공업 등 많은 대기업이 서로 모셔가려고 쟁탈전을 벌일 정도다. 당시 그리스 올림픽위원장. 2017년 75세의 나이로 작고하였다.

맥쿡(Neville McCook, 자메이카)은 1999년부터 북중미카리브(NACAC)지역 대표로 당연직 대표이사에 선임되었다. 우사인 볼트, 마이크 파월, 벤 존슨 등 유명한 단거리 선수를 많이 배출한 단거리 육상 강국 자메이카의 육상연맹 회장(1984~1996)을 역임하였다. 유치 성공 직후 박 이사장의 초청으로 방한하여 한국 육상 경기력 향상을 위해 많은 조언을 해주었고, 국가대표의 자메이카 전지훈련에도 큰 도움을 주었다.

모레노 브라보(Cesar Moreno Bravo, 멕시코)는 1991년에 집행이사에 당선되었다. 멕시코 육상연맹 회장 역임. IAAF 국제기술임원(TD)으로 심판 강습, 이론 교육 등으로 일 년 내내 전 세계를 누빈다. 2011 대구 세계육상대회를 성공적으로 마치는 데 기여한 최고 공로자 중 한 명으로 대구시에서는 그를 명예시민으로 추대하였다.

오드리오졸라(Jose Maria Odriozola, 스페인)는 1999년 집행이사에 당선되었고, 당시 스페인육상연맹 회장이자 스페인 올림픽조직위원회 집행위원이었다. 마드리드대학교 생화학 교수였으며 현재 IAF 집행위원.

시모하메드(Jamel Simohamed, 알제리)는 1991년 집행이사로 당선되었다. 알제리 육상연맹 회장을 역임하였고 당시 알제리 체육 감사원장이었다.

와타나베(Taizo Watanabe, 일본)는 1999년 집행이사에 당선되었다. 일본육상연맹 부회장으로 인도네시아 대사, LA총영사를 역임한 외교관 출신.

위르츠(Hansjörg Wirz, 스위스)는 1999년 유럽지역 대표로 당연직 집행이사에 선임되었고, 당시 유럽육상연맹 회장이었다. 스포츠 마케팅 컨설턴트로 400m 허들 스위스 기록 보유자.

쩨빈스카(Irena Szewinska, 폴란드)는 1991년부터 집행이사로 선출된 이후 2007년 오사카에서 낙선했지만, 2011년 대구에서 다시 집행이사로 당선되었다. 당시 IOC 위원으로 폴란드 육상연맹 회장이었다. 올림픽 5회 출전에 금메달 3개 등 총 7개의 메달을 획득하였고, 100, 200, 400m 세계기록을 수립한 유일한 선수이다. 안타깝게도 2018년 72세의 나이로 운명하였다.

이들 중 특히 소위 '1991년 도쿄 동기생'이라 불리는 그룹이 있다. 박 이사장 외에 데 멜로(브라질), 모레노 브라보(멕시코), 시모하메드(알제리)가 그들인데, 1991년 도쿄에서 열린 집행이사 선거에서 처음 집행이사로 같이 당선된 이래 2007년 개최지 결정 당시까지 끈끈한 우정과 신뢰로 16년을 함께 해온 인사들로, 이들은 끊임없이 박 이사장을 위해 조언해 주고 협조해 주는 든든한 후원군이었다.

집행이사들의 지역별 분포를 보면 유럽이 10명, 북중미가 6명, 아프리카 5명, 아시아가 5명, 남미 1명, 오세아니아 1명이다. 언어권으로 분류해 보면 영어권 8명, 불어권 5명, 스페인어권 4명, 러시아권 2명, 기타 9명으로 분포되어 있다. 직업별로는 선수 출신이 많고, 기업인, 정치인, 변호사, 교수, 외교관 등 다양한 분야에서 활동한 거물들로 포진되어 있다.

국적이 다르고 언어, 경력 등이 다양하기만 한 28명의 집행이사들을 어떻게 대구 지지로 유도하느냐 하는 중차대한 역할이 박 이사장의 양어깨에 맡겨진 것이다. 그러나 지난 16년 동안 집행이사로 활동하면서 특유의 친화력과 따뜻한 인품으로 이들과 좋은 관계를 유지하고 있었기에 자신감은 충분했다.

4. 유치전략 수립

유치위원회 출범

자, 이제 주사위는 던져졌다. 대구시와 대한육상경기연맹은 정부의 협조 아래 2005년 6월 유치위원회를 발족하였고, 각종 심의 및 허가, 대회

인프라 구축 등 대회 유치를 위한 준비에 발 빠르게 움직였다. 유치위원장으로는 탁월한 능력을 지닌 유종하 전 외무장관(1996~1998)이 임명되었다.

준비해야 할 일들이 산적해 있었다. 범정부 차원의 지원체제 구축, 홍보 전략 수립 등은 물론 경기장, 총회 장소, 선수촌 및 미디어촌 건립, 숙박시설 등을 IAAF가 요구하는 수준에 맞게 준비해야 하고, 이와 아울러 유치 경쟁 도시들의 정보 수집도 빼놓을 수 없는 중요한 사안이었다. 다행히도 경기장, 총회장 시설은 유니버시아드 대회 때 이미 검증된 바 있고, 선수촌 및 미디어촌은 아파트 형태로 새로 건립하여 사용하기로 하였다. 기타 홍보전략 등은 시너지힐앤놀튼(Synergy Hill & Knowlton)사를 홍보대행사로 선정하여 유치위원회와 대구시가 철저하게 준비하고 있었다.

대진표 확정

2006년 4월 4일 2011년 세계육상선수권대회 유치의향서 접수를 마감한 결과 한국(대구)을 비롯, 오스트레일리아(브리즈번), 크로아티아(스플리트), 스페인(마드리드 또는 발렌시아), 모로코(카사블랑카), 러시아(모스크바)와 스웨덴, UAE, 미국 등 총 9개국이 최종 유치의향서를 제출하였다. 예상보다 유치 희망국이 많음에 유치위원회는 저으기 놀라지 않을 수 없었다.

그러나 동년 12월 1일 유치신청서 접수를 마감한 결과 대구와 모스크바, 브리즈번, 스웨덴의 예테보리 등 4개 도시는 2011년과 2013년 대회를 동시에 신청하였고, 스페인의 바르셀로나는 2013년 대회만 신청하였다. 이들 도시 중 1995년 제5회 대회를 개최했던 예테보리는 스웨덴 정부가 재정지원을 하지 않겠다고 밝힘에 따라 동년 12월 15일 유치신청을 공식 철회하였다. 결국 2011년 대회 경쟁은 대구, 모스크바, 브리즈번의 3자 대결로 압축되었다.

유치신청서 작성에는 2007년 핀란드 헬싱키에서 열린 제10회 세계육상선수권대회의 CEO인 필라코스키(Antti Pihlakoski)를 초청하여 많은 자문을 받았다. 그의 초청 역시 오랫동안 각종 육상 행사와 회의석상에서 만나 서로 잘 알고 있던 박 이사장의 요청으로 이루어졌다. 그는 헬싱키 대회 유치에서부터 대회 운영 전 부문을 통괄하면서 대회를 성공적으로 이끈 전문가였기에 대구로서는 큰 도움이 되었다. 그는 2011년 대구 IAAF 총회에서 집행이사에 당선되어 현재까지 재임중이다.

유치신청서 마감 직후, 처음에는 영연방(英聯邦)국가의[5] 일원인 오스트레일리아의 브리즈번이 IAAF 집행이사 중 영연방국가 출신이 7명이나 되기 때문에 강력한 경쟁 대상으로 부각되었다. 그러나 대구보다 상대적으로 낙후된 경기장 시설, 오세아니아 회원국 연맹(Member Federation)의 수가 20개국 정도로 열세인 점 등을 감안할 때 그렇게 위협적이지는 않다는 판단이 나왔다. 오히려 시간이 지날수록 푸틴 대통령을 전면에 내세워, 러시아 주요 대기업들의 대규모 스폰서십을 무기로 IAAF 수뇌부를 공략한 모스크바가 강력한 경쟁자로 떠올랐다.

유치를 위한 종합여건 분석

유치위원회는 대구의 대회 유치를 위한 제반 여건을 SWOT 기법을통

5) 영연방(The Commonwealth)은 영국 본국과 함께 캐나다, 오스트레일리아, 뉴질랜드 등 옛날 영국의 식민지였던 53개의 국가로 구성된 국제기구. 이들 영연방국가들은 4년마다 Commonwealth Games을 치르는데, 2018년 대회는 브리즈번에서 열렸다. 브리즈번은 2032년 하계올림픽 개최지로 결정되었다.

해 종합적으로 분석해 보았다.

- Strength(강점)
  - 2003 세계유니버시아드 성공: 경험, 자신감 보유
  - 우수한 경기시설: IAAF 1등급 인증
  - 개최여건 완비: 교통망, 숙박시설, 관광자원 등
  - 시민들의 높은 열의: 시민 92%가 개최 희망
- Weaknes(약점)
  - 취약한 한국의 육상 경기력
  - 국민들의 육상에의 열기 미흡
  - 국제경험 풍부한 육상전문가(심판, 운영요원) 부족
  - 대구의 낮은 국제적 인지도, 지방도시로서의 취약점
- Opportunity(기회)
  - 육상 균형발전을 위한 육상 후진국 배려 가능성
  - IAAF 집행이사들과의 우호적 관계
  - 삼성 등 국내 대기업의 IAAF 스폰서십 가능성
  - 재외공관과의 협력을 통한 효율적 유치활동 기반
- Threat(위협)
  - 초유의 유치경쟁: 9개국 유치의향서 제출
  - 2007년 오사카 대회로 대륙별 안배 시 불리
  - 국제육상 발전에 대한 기여 미흡
  - 평창 동계올림픽 유치와 중복: 정부의 지원 부족

5. 우호세력 확보

집행이사회(Council Meeting)의 활용

앞에서 기술한 SWOT 종합 분석에 따라 유치위원회는 대구시의 기회와 장점은 더욱 강화하고 부각시키며, 위협과 약점은 보완하고 줄이기 위한 유치 전략을 수립하고 본격적으로 그 실행에 들어갔다.

유치위원회 명예위원장에 위촉된 박정기 이사장은 유치위원회와 궤를 같이하면서도 방법과 격(格)이 다른 그만의 역할이 따로 있었고, 그 역할을 추진하기 위한 장고(長考)에 들어갔다.

박 이사장은 두 차례(1987~91, 1995~99) 아시아육상연맹(AAA) 부회장을 역임하였고,1991년부터 16년 가까이 IAAF 집행이사로 활동하면서 국제연맹의 내부 동향에 정통해 있었고, 또한 투표권을 가진 집행이사들의 면면을 잘 알고 있었다. 집행이사들 또한 박 이사장의 다양한 육상 경험과 인품을 너무도 잘 알고 있던 터였다.

IAAF는 집행이사회의가 1년에 3, 4회 정도 열리고, 매년 11월 모나코에서 열리는 육상 축제(IAAF Gala) 행사 참석과 각종 육상대회에 상소심판 등 개인에게 맡겨진 임무를 수행하다 보면 1년에 최소한 세 번에서 많게는 다섯 번까지 조우하게 되는 집행이사들도 허다하다. 그러다 보니 이들 사이에 자연스럽게 쌓인 신뢰와 우정은 매우 두터울 수밖에 없다. 게다가 국제 스포츠계는 부부동반이 일반적인 관행이다. 늘 동반자(accompaning person)를 위한 다양한 프로그램이 준비되어 있고, 각종 사적 모임 등을 통해 돈독해진 부인들 간의 친밀함은 고스란히 남편들에게도 전달된다. 이화여대 영문과 출신인 박 이사장의 부인은 탁월한 영어실력으로 늘 부인들과의 사적 모임을 주도하면서 박 이사장에게 큰 힘을 보탰다.

그렇지만 이렇게 집행이사들과 친분이 있다고 무조건 대구를 지지해 달라고만 하면 되는 걸까? 아니다. 그것은 동료들에 대한 예의가 아니다. 그들로 하여금 자연스럽게 대구를 지지할 수 있는 명분을 만들어줘야 한다는 게 박 이사장의 생각이었다. 더군다나 유치 경쟁 도시에 따라 언어권별, 인종별, 또 개인적인 사유 등 얽히고설킨 복잡다기(複雜多岐)한 경우의 수가 존재할 수밖에 없으니, 실로 단순하게 지지해 달라고 부탁만 할 수 있는 문제는 아닌 것이다.

어쨌든 매년 수차례 개최되는 집행이사회는 투표권을 가진 집행이사들을 공식적으로뿐만 아니라 사적으로도 긴밀하게 접촉할 수 있는 좋은 기회였다. 박 이사장은 이 집행이사회의 때마다 대구 유치에 대한 희망과 열의를 직, 간접적으로 표명할 수 있었다.

대구시가 대회 유치를 피력할 때부터 2007년 3월 개최지가 결정될 때까지 다음과 같이 총 8회의 집행이사회가 예정되어 있었다.

- 2004년 12월, 헬싱키, 핀란드
- 2005년 4월, 도하, 카타르
- 2005년 8월 헬싱키, 핀란드
- 2005년 11월 모나코, IAAF 본부
- 2006년 3월 오사카, 일본
- 2006년 8월 베이징, 중국
- 2006년 11월 모나코, IAAF 본부
- 2007년 3월 몸바사, 케냐 (개최지 결정)

박 이사장은 개별적으로 집행이사들을 만나기 위해 언제 누구를 만날 것이며, 만찬 형식, 선물 등 대상에 따라 세세한 작전(?)을 세워 한 명 한

명 공략해 나갔다. 8회의 집행이사회의를 하는 동안 많은 집행이사를 개별적으로 만나 도움을 요청하였고, 경쟁도시의 정보도 많이 얻을 수 있었다.

대구 개최의 명분과 당위성

그는 그러한 개별 접촉과는 별도로 대구 대회 유치 전략으로서의 대구 개최의 명분과 당위성을 도출해 내기 위해 단계적으로 필요한 준비에 들어간다.

회의 때마다 적극적으로 의견을 개진하고 육상 발전을 위해 연구하는 모습은 간접적으로 대구 유치를 홍보하는 것이고, 궁극에 가서 일련의 여러 의견 개진이 대구 개최의 명분으로 귀결되었을 때, 그 효과는 배가 될 것이라는 판단에서였다.

IAAF는 2003년 파리 총회에서 '육상 100주년(IAAF's Centenary)'의 해인 2012년을 앞두고 육상경기의 미래 전략을 위한 목표와 구체적인 의제를 포함하는 '육상 세계화 계획(Athletics' World Plan, AWP)'을 결의했다. 당시 7개의 실무 위원회를 구성하여 집행이사회의 때마다 열띤 토론을 벌이던 시기였다. 그 7개의 그룹과 각 그룹의 목표는 다음과 같다.

- Event Team: 육상대회의 수준과 인기(appeal)의 향상
- Participation Team: 모든 사람에게 육상경기에 참여할 수 있는 최고의 기회 제공
- School Youth Team: 학교 체육에서 최고로 참여하는 육상 조성
- Competence Team: 육상 경기력, 기록 향상
- Facilities Team: 모든 사람이 육상 시설이나 장비에의 접근성 개선
- Recognition Team: 육상의 인지도 향상 및 재정 안정

• Media Team: 육상 미디어 보도의 양과 질 향상 및 새로운 서비스 개발

박 이사장은 본 프로젝트의 목표와 육상 후진국 대구시를 어떤 논리로 연결시켜 대구시의 개최 당위성을 피력하느냐에 골몰하였다. 박 이사장은 이를 위해 평소 그의 식견과 경험을 인정하고 있던 중국의 루다팽 IAAF 부회장과 서신을 통해 긴밀하게 상의하였다.

그는 당시 AWP 이벤트 팀의 좌장으로 활동하고 있었다.

Dear Dr. Lou,

I hope this mail finds you well.

I am writing to ask for a special favor. As you are aware, the city of Daegu would like to host the WAC 2011, however, it seems that this event to be hosted is highly coveted by other worthy candidates. Cities like Brisbane, Moscow and Barcelona are driving the popularity and raising the level of competition amongst bidders.

Considering these circumstances, I believe we need to create a new strategy that the other competitors have yet to develop. In regards to this matter, we are in the process of brainstorming some positive and effective ideas with which you could give us valuable assistance.

I would like to schedule a time for us to meet, at your earliest convenience, to further discuss this matter. I would be more than willing to go over to your country at any time within this month of January.

Sincerely yours,

Rocky Park

이후 둘 사이에서는 많은 건설적이며 효과적인 전략 구상이 오갔다. 같은 아시아 지역이라는 동질감이 있어 서로의 사정과 상황을 잘 이해하

고 있었기 때문이다. 또한 1990년 베이징 아시안게임을 앞두고 루다팽 부회장의 요청으로 당시 대한육상경기연맹 회장이던 박정기 이사장이 35만 달러 상당의 육상 기자재를 중국육상연맹에 무상으로 지원한 인연이 있기 때문에, 루 부회장은 진심으로 박 이사장과 대구를 위한 조언을 아끼지 않았다.

박 이사장이 대회 유치 결정되기 이미 3년 전부터 대회 유치의 명분과 전략 수립을 위해 이렇게 고군분투 고민하고 노력했다는 사실을 아는 사람은 많지 않을 것이다.

이러한 고민과 연구 작업 끝에 첫 번째 발표는 2004년 12월 4일부터 5일까지 헬싱키에서 열린 집행이사회에서 이루어졌다. 그는 〈육상 세계화 계획을 위한 제언(A Suggestion for the 'Athletics' World Plan')〉이라는 보고서와 의사진행을 통해 IAAF의 재정적 안정을 달성하기 위해 관중을 증가시키고, 육상 저변을 확대하기 위해서는 미디어의 역할이 중요하다고 강조하였다. (p. 121 〔참고자료 1〕 참조)

이어서 2005년 4월 카타르 도하에서 열린 집행이사회의에서는 〈미래 육상을 위한 제언(A Proposal for the Future Athletics)〉이라는 보고서를 통해 육상이 최고의 스포츠가 되기 위해 스포츠 정신의 궁극적인 구현, 모든 사람이 참여할 수 있는 기회의 제공, 그리고 사람들을 행복하게 한다는 세 가지 목표를 수립해야 한다고 주장하였다. (p. 124 〔참고자료 2〕 참조)

그리고 2006년 8월 21일부터 22일까지 북경에서 열린 집행이사회에서도 〈육상 관련 영상물이나 영화를 제작하자(Let's Make a Documentary Film or a Movie)〉라는 제목의 보고서를 통해 한국의 경우, 자폐아가 마라톤을 통해 스스로 자신감을 찾아가는 과정을 그린 〈말아톤〉 이라는 영화가 마라톤 붐에 기여했듯이, 육상 관련 다큐멘터리 영상물과 영화를 제작하여 육상세계화 전략을 적극 추진하자고 역설하였다. (p. 129 〔참고자료 3〕 참조)

이러한 일련의 과정을 거쳐 개최지 결정이 임박한 2006년 11월 13일부터 14일까지 모나코에서 열린 집행이사회에서 박 이사장은 〈비인기지역의 육상 진흥책(Promotion Plan for Countries where Athletics are Unpopular: A Case Study on Korea)〉이라는 보고서를 통해 '육상의 세계화'라는 목표 달성을 위해서는 유럽, 미주 등 육상선진국의 저변은 이미 포화상태이기 때문에, 결국 육상 비인기국가로의 저변 확대 대책이 절실히 요구되며, 이를 위해 과거 최단기간에 경제도약을 이룬 한국형 경제개발 방식을 육상에 도입해 보는 것도 좋은 방안이라고 역설함으로써, 간접적으로 대구 개최의 당위성을 강조하였다. 이 논리는 많은 집행이사들에게 큰 공감과 호응을 얻었다.

이후 이 논리는 대구시의 유치 당위성을 피력하는 핵심 논리로 자리잡게 된다. 이제 친분 있는 집행이사들도 단지 친분관계뿐만이 아니라, 육상 발전을 위한 한 방법으로서 합법적으로 대구 유치를 지지할 수 있는 명분이 서게 된 것이다. 대회 유치 성공에 큰 기여를 한 보고서이기 때문에 그 전문을 소개한다.

……

비인기 지역의 육상 진흥책

-한국의 사례를 중심으로-

박 정 기

IAAF 집행이사

1. 문제의 제기

IAAF가 현재 추진 중에 있는 Athletics' World Plan은 육상의 세계화로 육상이 모든 스포츠의 으뜸이 되게 하자는 것이다. 그런데 지금과 같이 유럽과 같은 일부 지역에서만 육상이 인기를 유지하고 있다면, 육상의 대중화, 세계화는 불가능하며, AWP의 목표 또한 달성하기 어려울 것이다.

따라서 아시아와 같은 육상 비인기 지역을 포함하여 세계 어느 곳에서나 육상이 인기 있는 스포츠가 되게 하려면, 육상 비인기 지역에 대한 특별한 연구와 대책이 필요하다.

한국의 경우 축구, 농구, 배구, 심지어 야구까지도 많은 애호가들을 확보하고 있는데, 유독 육상만이 비인기 종목으로 남아있다는 점에서 한국을 대상으로 문제의 해결을 모색해 보는 것은 매우 의미 있는 시도가 될 것이다.

2. 문제점

한국 육상은 비인기 종목이라 관중이 없고, 관중이 없으므로 선수가 배출되지 않으며, 우수 선수가 없으니 육상대회의 인기가 추락하는, 소위 경제학에서 말하는 전형적인 '빈곤의 악순환(vicious circle of poverty)' 구조를 닮고 있다.

따라서 문제해결의 관건은 어떻게 하면 이 악순환의 고리를 끊고 선순환 구조로 전환할 수 있는가이다.

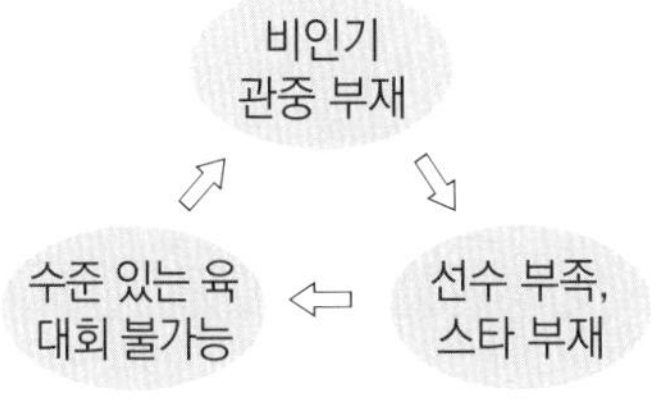

3. 문제해결과 관련된 사항

(1) 학교체육(한국)의 육상 비중이 감소 추세에 있다.

〈연도별 각급 학교의 육상 팀 수〉

구분	1990	1995	2006
중학교	334	585	471
고등학교	349	196	162
대학교	-	58	56

(2) 한국 미디어의 육상관련 기사 노출 빈도가 상대적으로 낮다.

〈스포츠신문의 노출빈도(월)〉

구분	야구	축구	농구	연예	기타종목	육상
%	35	20	15	20	8	2

(3) 한국의 100대 기업 중 육상부를 둔 기업은 8개사에 불과하다

(4) 볼 하나에 관중의 주의력을 집중시키는 축구와는 달리, 육상은 질주 · 도약 · 투척 등 47개 종목의 경기를 동시에 진행하는 복잡한 경기이다.

(5) 따라서 육상과 축구에서 관중이 느끼는 흥미와 긴장의 성격이 다르며, 섬세하고 고도한 육상을 음미하기 위해서는 관중이 세련된 심미안

을 갖도록 관전 요령에 대한 계몽이 필요하다.

(6) 이와 같은 육상의 특성으로 미루어 획기적인 방책 없이 육상 부진의 악순환을 끊는다는 것은 어려울 것이다.

4. 해결책

(1) 한국은 일찍이 정부 주도형 경제개발 모델로 역사상 최단기간(30년) 내에 빈곤의 악순환을 탈출하여 세계 11위의 경제 강국이 되었다. (1인당 국민소득 75달러에서 20,000달러로).

(2) 따라서 단기간에 육상 발전을 달성하기 위한 방법으로 경제개발 모델에서 얻은 교훈을 도입할 필요가 있다.

즉, 정계 · 재계 · 문화계의 영향력 있는 인사에 의한 선도형 모델로 '수요'(수준 있는 우수 육상대회)를 창출하여 '공급'(선수, 관중)을 뒤따르게 하는 전략이다.

(3) 지난 5년간 우리 육상지도자들은 한국의 중요 도시와 대표적 지역의 지도자들을 설득하여 육상애호가들을 다수 확보하였다.

그 결과 다음과 같은 성과를 거둘 수 있었다.

- 2004. 9 제1회 부산국제육상대회
- 2005. 8 인천 아시아육상선수권대회
- 2005. 9 제1회 대구국제육상대회
- 2006. 9 제2회 대구국제육상대회

* 한국 육상발전의 메카를 지향하는 대구시는 2004년 육상발전 5개년 계획을 수립하고 2005년부터 대구국제육상대회를 개최하고 있다. 대구시가 2011년 세계육상선수권대회를 유치하려는 것도 이러한 장기 계획을 달성하기 위한 대구시의 야심찬 구상의 하나이다.

* 대구국제육상대회에는 게이틀린, 디바바, 류시앙, 이신바예바 등 세

계 톱클래스 선수가 참가하였고, 특히 2006년 대회에는 무려 5만 명의 관중이 참관하였다.

(4) 다음은 2단계로 정책 입안자와 미디어 관계자들을 설득하고 있는데, 그 이유는 다음과 같은 문제들을 해결하기 위해서이다.

① 육상의 미래와 저변 확대를 위해서는 현재 IAAF가 추진하고 있는 학교 체육이 무엇보다 중요하다. 그러나 학교 체육이 친(親) 육상으로 발전하자면 교육담당 중요 인사들의 적극적인 협력이 없이는 성공하기 어려울 것이다.

② 한국은 유럽과 달리 클럽 제도가 없으므로 이를 대신할 조직으로는 대기업밖에 없다. 따라서 정책적으로 대기업들이 달리기, 도약, 투척 등의 팀을 창설, 선수를 육성한다면 짧은 시일 내에 우수선수를 확보하는데 성공할 것이다.

③ 육상을 이해하고 애호하는 미디어 인사들은 우리가 요구하지 않더라도 육상의 홍보와 선전에 앞장 설 것이다.

5. 결론

그동안 Athletics' World Plan 7개 분과의 노력과 성과는 눈부신 바 있다. 그러나 비인기 지역에 대한 구체적인 공략대책이 미흡하다.

육상이 전 세계적으로 환영받는 인기종목이 되지 않는 한 Athletics' World Plan이 최종 목표로 삼고 있는 "Number One Sport!"의 달성은 어려울 것이다.

따라서 본인이 제시한 한국형 방식으로 정부 또는 중요한 인사들을 친(親) 육상화 하고, 이들이 선도하는 육상진흥 전략은 비인기 지역에 대한 육상발전 대책이 될 수 있을 것이다.

……

IAAF 집행이사회 때 제출한 영문보고서는 [참고자료 4] (p. 131)를 참조 바란다.

집행이사 개별 초청

이상과 같은 집행이사회의에서의 자연스러운 유치활동도 좋은 방법이기는 하지만, 보다 적극적인 방법도 필요했다.

그 적극적인 방법의 일환으로 박 이사장은 각 지역별로 영향력 있는 인사들을 초청하여 대구시의 육상경기 시설, 대구시의 유치 의지, 한국의 육상 분위기 등을 보여주는 방안을 대구시와 논의하였다. 그러나 전 세계가 주시하고 있는 민감한 시기인지라, 늘 공정과 청렴을 중시하는 집행이사들이 방한 초청을 그냥 받아들이지는 않을 것이다. 그러기 위해 충분한 명분이 있어야 했다. 이러한 초청행사 마저도 2016년 12월 1일부터는 까다로운 스포츠맨십 윤리강령이 적용되어 초청하고 싶어도 할 수가 없게 된다. 따라서 그 전에 가급적 많은 집행이사들을 초청하여 대구시의 유치 열의와 경기시설을 보여줘야만 했다.

운이 좋은 것인지 우리에게는 활용할 수 있는 몇 가지 좋은 기회가 있었다. 마침 2005년 9월 매년 개최되는 대구국제육상대회가 창설되었고, 2005년 9월에는 인천에서 아시아육상선수권대회가 예정되어 있으며, 2006년에는 IOC 총회와 100여 개 국제 스포츠단체 간의 협력과 소통을 제고하기 위해 설립된 스포츠어코드(SportAccord) 총회가 서울에서 예정되어 있었던 것이다. 이들 행사에 가급적 많은 집행이사들을 초청, 대구를 방문하게 함으로써 이들에게 대구의 경기장 시설과 유치 열의를 적극적으로 홍보하는 기회로 삼을 수 있을 것이다.

결론적으로 많은 인사들이 한국과 대구를 방문하였다. 대구시의 이 모든 초청 과정은 박 이사장의 간곡한 요청으로 성사가 되었음은 두말할 필요가 없다. 유치 도시 결정을 앞둔 상황에서 다들 처신에 조심을 하고 있었던 집행이사들이었지만, 그들도 IAAF 동료의 초청은 거절할 수가 없었을 것이다. 다음은 박 이사장이 보낸 몇몇 초청 서신을 예로 들어 본다.

Dear 000,

We had been so busy in Helsinki that we didn't have much time to talk.

There is no change in your scheduled visit to Seoul; attending the Asian Games, followed by a visit to Kyung-Ju. The detailed schedule will be given to you upon your arrival in Seoul. I would appreciate it if you give me your flight schedule.

One thing to inform you of is that Daegu City representatives are planning to invite you to attend the athletic event in September. At that time, five other council members will join us. We will talk abut this when you are in Seoul.

I look forward to seeing you soon in Seoul.

With best wishes,

Rocky

Dear 000,

I am pleased to inform you that the mayor of Daegu City has the honor to invite you and your husband to the city's athletics competition.

We had a wonderful stay in Beijing during the Junior Athletics Championships.

As you are aware, the city of Daegu is hosting its second International Athletics Competition on 28 (Thu) Sept. 2006. The absence of IAAF representatives at the international competition will disappoints the leaders of the city. For this reason I am very grateful that you can come to the city to observe the competition.

Since Daegu City is one of the contenders for 2011 World Athletics Championships, it cannot officially invite the members of IAAF to the city's athletics competition. So, in Beijing, I personally talked with president Diack about this matter, and he agreed that a small number of our leadership people could visit Daegu City.

You are a great star in athletics, and your presence itself is encouragement to the city. Choose the dates of your arrival and departure at your convenience and inform me of your decision so that I can have my staff work out your itinerary. After the competition in Daegu, I would like to invite you and your husband to stay in Seoul for a few days so that we can have in-depth talk about matters related to athletics in Korea with rclated people.

I look forward to seeing you in Korea.

Beat wishes,

Rocky

대구시는 가장 먼저 2004년 10월, 대구 유니버시아드대회 1주년 기념식에 키플라갓 케냐 집행이사 부부를 초청하였다. 마침 2004년은 한 · 케냐 수교 40주년의 해이기도 해서 기회가 좋았다. 키플라갓을 우리의 인적 네트워크가 취약한 아프리카 지역의 주요 협력자로 삼으려는 목적도 있었지만, 2011 대회를 결정하는 집행이사회의가 2007년 3월 케냐의 몸바사에서 열리기 때문에 그의 초청은 또 다른 의미를 갖는다.

또한 2005년 9월1일부터 4일까지 인천에서 열린 아시아육상선수권대회에는 디악 회장과 미국의 밥 허쉬 집행이사 부부를 초청하였다. 아시아 육상연맹 회장인 인도의 칼마디 집행이사는 당연히 참석했고. 이들은 인천 행사를 마치고 대구를 방문하여 경기장 시설 등을 견학하였다.

같은 해 9월에는 새로 창설한 2005대구국제육상경기대회에 푸에르토리코의 아마데오 프란시스 IAAF 부회장과 폴란드의 쩨빈스카 집행이사 부부를 초청하여 대회를 관람토록 하였다.

대구 국제육상경기대회는 2005년 6월 대구에서 개최된 전국육상경기대회시 세계육상선수권대회의 대구 유치를 위해서는 국제육상경기대회 개최가 필수적이라는 IAAF 전 경기국장인 산드로 지오바넬리(Sandro Giovanelli)의 조언에 따라 창설한 대회이다. 2005년부터 매년 개최되고 있으며, 2011년 세계육상선수권대회의 성공적 개최와 우리나라 육상 이미지 제고를 위해 IAAF 그랑프리(Grand Prix) 대회의 승격도 추진하고 있었다. 그랑프리 대회 승격을 위해서는 주요 경기 8개종목은 30위권 이내 선수를 4명이상 초청해야 하며, 기타 종목은 50위권이내 선수를 4명이상을 초청을 해야 한다. 2011대회 유치 결정 전까지 개최한 두 번의 국제육상대회를 요약해 보면 다음과 같다.

구 분	2005대회	2006대회
경기일시	2005. 9. 23(금) 15:00	2006. 9. 28(목) 15:00
경기장소	대구월드컵경기장	대구월드컵경기장
경기종목	15개종목 - 남8, 여7 - 트랙9 , 필드6	16개종목 - 남9, 여7 - 트랙10, 필드6
참가규모	18개국 133명 - 국내75, 국외58 * 게이틀린, 디바바 자매 등	19개국 136명 - 국내70, 국외66 * 이신바예바, 류시앙 등
예 산 액	14억7천만 - 시비 8억원 - 기타 6억7천만원	19억2천만원 - 시비 8억1천만원 - 기타 11억1천만원
시상금	84백만원	50백만원
참가관중	4만 5천명	5만명
주관방송	KBS (2TV 중계)	KBS (1TV 중계)

시민참여 행　사	구 · 군대항 8000m릴레이	생활체육 4000m릴레이(11개팀) - 구 · 군8, 칭다오2, 요코하마1
부대행사	인기가수 콘서트	인기가수 콘서트
IAAF인사	아마데오 프랜시스(부회장), 이레나 쩨빈스카(집행이사)	아마데오 프랜시스(부회장), 이레나 쩨빈스카(집행이사) 모레노 브라보(집행이사)

참고로 이 대회는 2010년까지 개최하면서 2011 세계선수권대회의 준비대회 및 마지막 점검 대회(Pre-Championships)로서의 역할을 충분히 하였다. 세계선수권을 1년 앞 둔 2010년 대회에는 우사인 볼트 등 세계 탑 클라스 선수들을 초청하여 대구의 육상 붐 조성에 크게 기여하였다.

2006년에 들어서도 집행이사들의 초청 방한은 계속 이어졌다. 2월에 아이치(愛知) 엑스포 업무 차 방한한 일본의 와타나베 집행이사를 만나 협조를 당부하였고, 4월 1일부터 7일까지 서울에서 열린 국가올림픽위원회연합회(ANOC) 총회 및 스포츠어코드(SportAccord) 행사에는 IOC 위원을 겸임하고 있는 디악 회장, 우크라이나의 부브카, 폴란드의 쩨빈스카, 영국의 세바스찬 코, 그리스의 미노스 키리아쿠 등 5명의 집행이사와 이스트반 줄라이(Istvan Gyulai)[6] IAAF 사무총장의 급작스런 서거로 그 후임을 맡게 된 피에르 바이스(Pierre Weiss) 사무총장 직무대행이 방

6) 이스트반 줄라이(1943-2006)는 1963년 유니버시아드 400미터 릴레이 금메달리스트이자 1964년 도쿄올림픽에도 출전하는 등 28번의 헝가리 국내기록을 수립한 선수 출신으로 TV 육상경기 명해설가로 활약했다. 1984년부터 2001년까지 IAAF 집행이사를 역임하였고, 1991년부터는 IAAF 사무총장을 맡아 IAAF 발전에 큰 족적을 남겼다. 2006년 헝가리에서는 그의 육상발전에 기여한 공헌을 기리고자 헝가리 데브레센(Debrecen) 육상경기장을 'Istan Guylai 육상경기장'으로 헌정하였다.

한하였다. 피에르 바이스 사무총장은 박 이사장과는 오래 전부터 가족들끼리도 친한 사이로, 많은 고급 정보와 조언으로 대구 유치에 큰 도움을 준 인물이다.

유종하 위원장 등 유치위원회에서도 이들을 만나 대회 대구 유치에 협조해 줄 것을 당부했는데, 이 때 박 이사장은 아예 행사장인 코엑스로 출근하다시피 해가면서 이들 집행이사들과 조우했다. 6월에는 아프리카 지역대표인 남아프리카공화국의 추에니 집행이사를 초청하여 경기장 시설을 둘러보게 하였고, 대구 지지를 요청하였다.

2007년 3월 개최지 결정 전 마지막 육상 이벤트 행사인 2006 대구국제육상경기대회가 9월 28일 대구스타디움에서 있었다. 육상 붐 조성을 위해 이신바예바, 류시앙(劉翔) 등 세계적인 선수도 초청한 대회였다. 이 자리에 아마데오 부회장, 쩨빈스카 부부, 멕시코의 모레노 집행이사 부부를 초청하여 대구시의 육상대회 운영 능력과 시설, 대구 주변의 관광 자원 등을 보여주었다. 전년도 대회에도 참관했던 아마데오 부회장은 "이번 대회에는 작년보다 관중 수도 더 많고 관중들의 열정도 높았다. 대회운영도 탁월해서 유치 결정에 긍정적인 영향을 미칠 것"이라고 평가했고, 모레노 브라보 집행이사는 "무엇보다 세계 어느 도시에도 없는 최고 수준의 선수촌 건립에 감탄했다"며 대구의 유치 가능성을 조심스레 내비치기도 하였다.

집행이사 예방

유치위원회와 대한육상경기연맹은 확고한 대구의 유치 의지를 설명하고 유치에 협조해 줄 것을 당부하기 위해 집행이사들이 속한 재외공관을 통해 각국의 집행이사들을 예방하기 시작하였다. 유종하 위원장과 신필렬 육상연맹 회장 등은 유치위원회 발족 이후 1년 6개월 동안 중국의 루다팽(2005. 7.22), 일본의 와타나베(2005. 11.18)에 이어, 2005년 12월에는 차례로 독일의 디겔, 프랑스의 뿍조뷔, 스페인의 오드리오졸라, 스위스의 위르츠, 미국의 허쉬(2006.1.5), 디악 회장(2006. 2.12), 남아공의 추에니(2006.5.3) 등 20여 명을 예방하였다.

이들이 방문하기 전 박 이사장은 집행이사들에게 일일이 서신을 보내 유종하 위원장을 소개하고 협조를 요청하였다.

Dear oooo,

Let me have the honor to introduce to you, perhaps belatedly, Ambassador Chong-Ha Yoo, the President of the Bidding Committee of Daegu City for the 2011 World Championships. Ambassador Yoo had been a career diplomat. He had been Ambassador to UN in 1992 and Minister of Foreign Affairs and Trade from 1996 to 1998. He has been widely respected in Korea as prominent diplomat and scholar for his outstanding service to the nation as well as for his contribution to academics.

Ambassador Yoo and I are from the same town, the City of Daegu. This is a part of the reasons thar he is chosen as the President of the city's bidding committee to host the suspicious event. As colleague and friend, I hope you could render support for Ambassador Yoo in his endeavors for the city.

(중략)

Rocky Park

한국육상진흥회 초청 강연 개최

박정기 이사장이 1985년에 설립하여 활발하게 운영하고 있는 재단법인 한국육상진흥회도 가만히 있지는 않았다. 2006년 11월 27일 서울 롯데호텔에서 스위스의 위르츠(Hansjörg Wirz) 집행이사 겸 유럽육상연맹 회장을 초빙하여 "유럽 육상의 현황과 새로운 기회(Athletics in Europe and New Opportunities)"이라는 주제로 초청 강연을 열었다. 이 자리에는 한국의 육상 관계자와 언론계 등 100여 명이 참석하여 큰 성황을 이루었다.

아래는 박 이사장의 초청 서신과 위르츠 집행이사의 답신이다.

Dear Hansjörg,

I hope this letter finds you well.

As I had discussed with you before, I was planning to hold a seminar on "Development of Korean Athletics." Unfortunately, however, ANOC and SportAccord Congress were held in April in Seoul. Therefore, I canceled my plan for the seminar.

Instead of the seminar, I would like you to come to Seoul and make a '100 minutes presentation' on "The Progress of European and World Athletics." This will be of great help to the athletics community in Korea. Of course, all the related expenses will be covered by the Korea Athletic Foundation which I am heading.

The time frame of your visit to Korea will be most appropriate right after the Council Meeting in Beijing. The following is the proposed schedule of your visit:

15-20 Aug. World Junior Championships (Beijing)

21-22 Aug. IAAF Council Meeting (Beijing)

23 Aug. Beijing to Seoul

24 Aug. Lecture

25 Aug. Tour

26 Aug. Departure

I am sorry that this is proposed on short notice on the subject, but I think you could accept this proposal, since you have the in-depth knowledge and experiences in athletics.

I look forward to your favorable reply.
With best wishes,
Rocky

Dear Rocky,

Thanks for your message. The title of my lecture is: "Athletics in Europe and new opportunities". I need a beamer for my presentation, but if you do not have one, I can bring my own one.

One more little question: Can you please send me a short "official" invitation. I do not need a visa for Korea but I was told by the travel agency that it would be good to have an official invitation letter so that I do not face any problems when arriving in Seoul.

Thanks for your help with this and I am looking forward to seeing you soon in Seoul.

Sincerely,
Hansjörg

박 이사장은 육상 선진국인 유럽의 집행이사들은 환대나 개인감정에 따라 마음이 움직이기보다는, 세계 육상 발전을 위해 보다 더 유리한 곳이 어디인지가 개최지 결정에 있어 가장 중요한 판단 기준이 될 것이라고 생각했다. 즉 감성에 호소하기보다는 이성을 자극하는 게 더 중요한다고 본 것이다. 그래서 한국이 육상 발전을 위해 노력을 하고 있으며, 학구적인 움직임 또한 왕성하게 이루어지고 있음을 보여주기 위해 이 초청강연을 기획했던 것이다. 많은 참석자 수와 그들이 보여준 열의에 위르츠는 많이 놀랐다고 하면서, 한국의 육상에 대한 인식이 바뀌었음을 내비치기도 하였다.

홈페이지 개설 안내

2007년 1월 대구조직위원회 홈페이지가 개설되었다. 이에 박 이사장은 즉시 각 집행이사들에게 개설 안내 서신을 보내 지속적인 관심을 유도했다.

Dear 000,

From the Far East, I wish you, with the utmost sincerity, a very happy and prosperous New Year.

I have been very busy last year preparing for Daegu's undertaking scheduled for 2011. As you are well aware, Daegu is my hometown, where many words of encouragement and comfort are spoken, and where my final resting place will be.

I am very happy these days to see the commitment and determination of the Mayor, the committee, as well as the citizens of Daegu from all walks of life in preparation for the great event to be hosted in2011.

I would like to take this time to inform you that the website for Daegu 2011 has been launched and it is currently available at the following address: www.2011daegu.org.

May peace and joy be with you and your family throughout the year2007!

With warm regards,

Rocky

6. 평가실사단 방문 (Site Visit)

대회 개최지 결정을 목전에 둔 2007년 2월 22일부터 25일까지 IAAF 실사(Site Visit) 평가단이 대구를 방문하여 대회 여건 등을 직접 확인하고 점검하였다. 독일의 디겔 부회장을 단장으로 모로코의 엘 무타와켈, 모레노 브라보 집행이사, 사무국 스태프 등 8명으로 구성된 실사평가단이 22일 저녁 대구공항에 도착하자 이들을 환영하기 위해 저녁시간임에도 불구하고 마중 나온 500여 대구시민이 보여준 환대는 실사단의 감동을 자아내기에 충분했다.

이들 평가단이 경기장, 선수촌 및 미디어촌, 총회장인 엑스코(EXCO), 본부 호텔인 인터불고호텔 등의 시설을 둘러보는 내내 대구시민들은 이들 평가단을 열렬히 맞아주었고, 대구시와 유치위원회에서는 철저한 준비로 이들을 만족시켰다.

2007년 2월 23일, 대구의 인터불고호텔에서 열린 실사평가단 공식 환영연에서 유종하 위원장의 내빈 소개, 80여만 명의 대구시민이 서명한 대회참관 서명서 전달, 김범일 시장의 환영사, 김명곤 문화체육부장관의 축사에 이어 박 이사장은 다음과 같은 건배사를 통해 실사단의 마음을 움직였다. 사실 이 건배사 내용은 박 이사장이 대구가 왜 2011년 대회를 개최해야 하는가 하는 당위성을 주장하기 위해 2006년 11월 모나코 집행이사회에서 발표한 '비인기 지역의 육상진흥책'을 압축하여 다시 한 번 에둘러 강조한 것이다. 또한 대구가 박 이사장의 고향임을 은근슬쩍 비치면서 다음과 같이 실사단의 감정에 호소하였다.

> "돌이켜 보면 한국 육상의 지난날들은 외롭고 힘겨운 세월이었습니다. 관중이 없는 한국 육상은 객석이 없는 무대와 같은 것이었습니다. 사랑받지 못하는 스포츠 또한 의지할 곳 없는 고아와 다를 게 없었습니다.
>
> 그런데 오늘 500여 명의 내외 귀빈과 대구 시민 여러분이 오직 한국 육상을 위해 이 자리를 함께 해주셨습니다.

존경하는 대구시장님, 그리고 대구 시민 여러분, 고맙습니다. 진심으로 감사드립니다.

저는 육상인의 한사람으로서 벅찬 감격과 감동을 안고 오늘, 이 자리에 섰습니다. 이 자리는 한국 육상이 대구시민이 사랑하는 대표적 스포츠로서, 우리 국회와 정부의 각별한 관심과 지원 대상으로서 거듭나는 특별한 자리이기 때문입니다.

이제 2011년 세계육상경기대회를 이곳 대구에서 열 수만 있다면, 우리 육상을 대구를 기점으로 한반도를 석권하고 나아가 아시아 전체로 퍼져나갈 것입니다.

경애하는 디겔 단장님과 실사단 여러분, 내 고향 대구를 찾아주신 여러분을 250만 대구시민과 함께 진심으로 환영합니다."

실사단이 돌아간 직후, 박 이사장은 우리의 설날을 맞이해서 전 집행이사에게 음력 연하장을 보내 다시 한번 간접적으로 대구 지원을 부탁하였다.

"동료 여러분,

음력 설을 보내며 다시 한번 새해 인사 드립니다. 지난 2월 17일은 한국의 음력 설날로 '황금돼지의 해'를 시작하는 날이었습니다.

이 음력 연휴는 연중 최대, 최장의 축제 기간이지만 그 중요성과 축제성에 비해 연중 한국 최악의 교통대란의 기간이기도 합니다. 국민의 70%가 그동안 못 본 부모나 친지들을 만나보기 위해 고향을 찾아 나서기 때문입니다.

이렇듯 한국 사람들은 아직도 고향, 부모, 친구에 대한 애틋한

감정을 간직하고 살아가고 있는 것입니다.

여러분도 알고 있듯이 지난 2월 22일부터 24일 사이에 2011년 세계육상대회 실사단이 다녀갔습니다. 경기장, 선수촌, 본부 호텔 등을 점검하고 좋은 평가를 해 주었습니다. 그러나 평가단이 가장 감명을 받은 것은 역시 대구시민의 호응도와 열렬한 참여 정신이었을 것입니다. 대구 시민의 세계육상대회 유치에 대한 열정이 뜨거웠던 것도 앞서 말한 한국인의 고향, 친구에 대한 남다른 특별한 정서 때문입니다. 이러한 한국인의 사람과 고향에 대한 각별한 애정은 예술이나 스포츠 활동, 나아가 사회활동에서 특이한 '흥'이나 '신명'으로 승화되어 다이내믹한 에너지와 단결력을 발휘하여 큰 일을 성취하는 데에 공헌을 하게 되는 것입니다.

70년대 세계 최극빈국에서 불과 한세대 사이에 세계 10대 경제대국으로 성장한 것이나 전체 인구가 4,500만밖에 안 되는 한국이 역대 올림픽에서 금메달 순위로는 항상 세계 10위권을 지켜온 것은 모두가 이러한 한국인 특유의 열정에서 연유된 것이라고 봅니다.

한국의 전통 판소리나 광대놀이의 '추임새'라는 게 있습니다. 관중이나 북을 치는 사람이 노래 부르는 사람을 위해 '얼씨구, 좋다' 같은 흥을 돋우는 감탄사를 넣어줌으로써 소리꾼이나 어름사니(줄타는 사람)의 흥을 한층 높이고, 관중과 연기자를 하나로 묶어주는 역할을 하게 되는 것입니다. 여러분들은 2002년 월드컵 당시 서울 시청 앞과 한반도 방방곡곡에 몰려든 '붉은 악마'들의 모습을 각종 미디어를 통해 보셨을 것입니다. 그들이 외쳤던 '대~한~민~국, 짝짝짝-짝짝' 구호가 바로 추임새의 일종이라고 할 수 있습니다.

이러한 한국인의 감성적이면서도 열정적인 성향은 무대의 공연자와 관람석의 관객, 트랙의 선수와 스탠드의 관중을 함께 묶고 동참시켜 스타디움 전체를 열광의 도가니로 몰아넣을 수가 있는 것입니다.

2011년 대구에서 세계육상대회가 개최만 된다면 이러한 한국인의 특성이 유감없이 발휘되어 스타디움의 열기는 그 어떤 페스티벌, 그 어떤 경기 때보다 뜨겁게 폭발할 것입니다.

한국의 전통문화와 추임새를 잘 보여주는 예가 〈왕의 남자(King and the Clown)〉라는 영화에 잘 나타나 있어 그 DVD를 동봉합니다. 작년에 개봉된 이 영화는 1,300만 명의 관객을 동원하여 한국 최고의 흥행을 기록하였습니다.

즐겁게 감상하시고, 몸바사에서 만납시다."

7. 몸바사 출발 전 상황점검

강력한 라이벌

이제 모든 준비는 끝났다. 결정의 시간만 남았을 뿐. 앞에서도 언급했지만, 대회 유치를 위해 가장 발 빠른 행보를 보여준 도시는 오스트레일리아의 브리즈번이었다. 영연방 국가들의 적극적인 지지뿐만 아니라,[7] 인구 200만의 항구도시 브리즈번은 천혜의 황금빛 해안인 골드코스트(Gold Coast) 등 관광자원이 풍부한 관광도시로 지명도에서 대구보다 훨

7) 브리즈번 유치위원회에서는 오스트레일리아의 빌 베일리 집행이사를 통해 2006년 3월 15일부터 26일까지 오스트레일리아의 멜버른에서 열리는 커먼웰스 게임에 IAAF 집행이사들을 모두 초청하기도 하였다.

씬 앞서 있었다. 유치전에서도 발빠르게 움직여 각종 홍보물 발송, 홈페이지 개설, 퀸즈랜드 총리의 모나코 IAAF 본부 방문 등 기선을 제압하려는 브리즈번의 활동에 대구는 긴장하지 않을 수 없었다.

그러나 개최지 결정이 다가오면서 디악 회장과 푸틴 대통령의 빅딜설, 러시아 국영 가스회사 가즈프롬(Gazprom)의[8] 거액 스폰서 계약설 등 2014 소치 동계올림픽 유치를 위해 2011 유치에 총력을 기울이는 모스크바의 막판 물량공세로 모스크바가 강력하게 부상하는 형국이 되었다.

이러한 정보는 IAAF에 대한 국내 스폰서 기업이 나오지 않는 상황에서 대구로서는 큰 충격이 아닐 수 없었다. 급기야 디악 회장은 대구에 2011년 대회를 포기하고 2013년 대회를 권유하는 상황에까지 이르렀다.

이에 김범일 시장은 박 이사장에게 IAAF 본부의 미움(?)을 사지 않기 위해서라도 2011을 포기하고 2013에 전념하는 것이 어떻겠냐는 조심스런 의견을 제시하기도 하였다. 그러나 박 이사장은 어느 정도 경쟁에 자신이 있었고, 유리한 협상을 끌어내기 위해서라도 정면 돌파 의지를 피력하였다. 결국 2011로 밀고 나가기로 결론을 내렸다.

대구시와 유치위원회는 지금까지의 유치 활동을 종합하여 과연 대구를 지지할 집행이사는 얼마나 될까가 초미의 관심사가 되었다. 나름 집행이사 개개인의 성향과 반응을 살펴가면서 표 획득 가능성을 점쳐 보기 위해 안테나를 높게 세웠다.

---

8) 가즈프롬은 러시아 상트페테르부르크에 본사를 두고 있는 반(半)국영 다국적 에너지 기업이다. 2019년 기준으로 매출액이 1,200억 달러를 넘는 이 회사는 세계에서 가장 큰 천연가스 상장 회사이자 매출액 기준으로도 러시아에서 가장 큰 회사로 자리잡고 있다. 2019 포브스 글로벌 2000에서 가즈프롬은 세계에서 40번째 큰 기업으로 선정되었다.

예상 득표 분석

유치위원회는 몸바사로 출국하기 직전인 3월 10일경부터 지금까지의 유치활동 결과를 토대로 과연 우리가 몇 표를 얻을 수 있을지 예상해 보느라 분주했다. 각종 정보를 종합해 본 결과 대구, 모스크바, 브리즈번 3자 대결의 경우 대구 지지가 확실한 표를 14표로 예상했다. 독일, 프랑스, 스웨덴 등 유럽의 집행이사들은 마케팅 및 유럽 중계권 등을 감안하여 모스크바를 선호할 가능성이 있다고 보았다. 폴란드와 우크라이나도 삼성과의 특수관계를 생각해 대구 지지 가능성을 조금 열어두기는 했지만, 역시 러시아의 영향력을 배제하기는 어렵다고 보았다.

만약 2차 투표로 갈 경우 영연방으로서 브리즈번을 지지할 가능성이 큰 자메이카, 미국 등이 대구 지지로 돌아설 가능성이 있기 때문에 승산이 높다고 판단했다.

그러나 박 이사장의 예상 판단은 유치위원회는 약간 달랐다. 조심스럽기는 하지만 1차 투표에서 18표 정도를 획득해 1차 투표에서 바로 대구 유치가 결정될 것으로 예상했던 것이다. 그것은 무슨 확실한 근거가 있어서가 아니라, 16년 가까이 IAAF 집행이사로 활동해 오면서 같은 동료로서 쌓아온 신뢰관계와 개인적인 친분, 인간관계 등을 기반으로 한 그만의 '촉'이 있었기 때문이다.

아래 표는 박 이사장과 유치위원회가 예상한 득표 결과를 종합해 본 것이다. 1차든 2차 결선투표든 어느 경우에도 돌발변수만 없다면 대구의 승리가 낙관되었다. 그러나 최종 결정되기 전까지 이 예상 결과를 어느 누구에게도 얘기할 수는 없었다.

다음은 득표 (예상) 결과표이다.

직책	성 명	1차투표		2차투표	
		Park	유치위	D:B	D:M
회장	Lamine Diack (세네갈)	–	–	–	–
부회장	Arne Ljungqvist (스웨덴)	B	M	B	M
	Helmut Digel (독일)	D	M	D	M
	Amadeo Francis (푸에르토리코)	D	D	D	D
	Dapeng Lou (중국)	D	D	D	D
재무	Jeane Poczobut (프랑스)	D	M	D	M
집행 이사	Dahlan Al-Hamad (카타르)	D	D	D	D
	Bill Bailey (오스트레일리아)	B	B	B	M
	Sergey Bubka (우크라이나)	M	M	D	M
	Leonard Chuene (남아공)	D	D	D	D
	Lord Sebastian Coe (영국)	B	B	B	M
	Nawal El Moutawakel (모로코)	D	D	D	D
	Roberto De Melo (브라질)	D	D	D	D
	Robert Hersh (미국)	D	B	B	D
	Abby Hoffman (캐나다)	B	B	B	D
	Alberto Juantorena (쿠바)	D	D	D	D
	Shri Suresh Kalmadi (인도)	B	B	B	M
	Ilkka Kanerva (핀란드)	D	D	D	D
	Isaiah Kiplagat (케냐)	D	D	D	D
	Minos Xen Kyriakou (그리스)	D	D	D	D
	Nevile McCook (자메이카)	B	B	B	D
	Cesar Moreno Bravo (멕시코)	D	D	D	D
	Jose Maria Odriozola (스페인)	B	B	B	M
	Jamel Simohamed (알제리)	D	D	D	D
	Taizo Watanabe (일본)	D	D	D	D
	Hansjorg Wirz (스위스)	M	B	B	M
	Irena Szewinska (폴란드)	D	M	D	M
	Jung-Ki Park (한국)	D	D	D	D
	예상득표수	D: 18 B: 7 M: 2	D: 14 B: 8 M: 5	D:18 B:9	D:17 M:10

* D: Daegu, B: Brisbane, M: Moscow

8. 현지 개최지 결정 과정

대규모 유치단 몸바사 도착

드디어 개최도시 선정을 위한 투표(3월 27일)가 실시될 케냐의 몸바사를 향해 대표단이 출발하였다.

현지 몸바사에 도착해 분위기를 살펴보니, 2월에 있었던 대구 현지실사 평가단들의 대구에 대한 호감, 친한(親韓) 인사들의 변함없는 지지 표명 등 몇몇 긍정적 신호가 포착되었다.

김명곤 문화관광부장관, 김정길 대한체육회장 등 65명으로 구성된 대규모 대구 유치단의 위세, 대구 홍보 부스의 활약도 크게 작용했다. 관계자들의 큰 관심을 불러일으킨 대형 선수촌 모형은 그 중에서도 압권이었다.

그러나 확실한 대구 지지 인사로 분류했던 핀란드의 카네르바, 그리스의 키리아쿠 집행이사가 갑자기 개인사정으로 불참한다는 소식은 박 이사장을 다소 긴장하게 만들었다.

무엇보다도 투표 전날 아프리카 지역 임시 회의에서 디악 회장은 장기적으로 거액의 스폰서를 하겠다는 모스크바의 제안을 설명하면서 IAAF의 재정 안정을 위해 필요하다며 모스크바 지지를 유도하는 발언을 해 박 이사장을 비롯 유치위원회 관계자들을 아연실색(啞然失色)케 하였다. 그러나 일부 아프리카 집행이사가 디악 회장의 제안에 반발하였고, 결국 집행이사 각자가 자유의사대로 투표하기로 결정되어 우리는 가슴을 쓸어내렸다.

몇몇 아프리카 지역 집행이사들을 확실한 '우리 편'으로 만들어 놓은 그간의 유치 작전이 멋지게 맞아떨어진 순간이었다.

한편 비장(祕藏)의 작전이 수포로 돌아가 침체되어 있던 모스크바 캠프는 이신바예바가 투표 전날 도착하면서 다시 활기를 띄는 듯했다.

운명의 날

마침내 3월 27일 결전의 날이 밝았다.

몸바사 화이트샌즈 호텔 바라자 룸(Baraza Room)에서 개최된 프리젠테이션에서 2011년 대회는 포기하고 2013년 대회 유치를 신청한 바르셀로나가 가장 먼저 프리젠테이션을 하였고, 다음으로 브리즈번, 모스크바에 이어 대구는 마지막 네 번째였다.

대구의 40분에 걸친 프리젠테이션에서 집행이사들과 IAAF 스태프들, 통역원 들은 중간중간 "원더풀!", "베리 굿!" 등 감탄사를 연발했고, 일부는 우리 준비요원들에게 엄지손가락을 치켜세우는 등 다른 도시에 비해 프리젠테이션이 뛰어났다는 평가를 받았다.

세바스찬 코 등 몇 명의 집행이사는 대구의 프리젠테이션이 끝나자마자 박 이사장에게 다가와 대구의 프리젠테이션 자료를 구해 줄 수 없느냐고 묻기까지 하였다. 그만큼 그들에게 강력한 인상을 남겼다는 반증이었다.

Daegu is My Hometown

오프닝 영상 'It's Daegu!'가 끝난 직후 '대구는 나의 고향'임을 강조한 박 이사장의 오프닝 인사말 또한 집행이사들에게 강력한 대구 지지 요청 메시지로 각인시켰다.

"존경하는 디악 회장님, 그리고 친애하는 동료 여러분,

2011년 세계육상선수권대회 대구 유치를 위한 발표 기회를 갖게 되어 무한한 영광으로 생각합니다.

한 마디로 말씀드리면, 제 고향(My hometown) 대구는 세계육상선수권대회를 개최할 준비가 되어 있으며, 대구가 세계육상발전을 위한 위대한 유산을 이어갈 것이라 확신합니다.

앞으로 35분 동안 대구 대표단은 2011년 대구에서 개최될 멋진 세계육상선수권대회에 대하여 여러분께 자세히 말씀드릴 것입니다.

친애하는 동료 여러분,

여러분께 유종하 대구세계육상선수권대회 유치위원장을 소개해 드리겠습니다."

프리젠테이션 후 박 이사장 등 이해 당사자인 관련 국가 집행이사가 퇴장한 가운데 토론시간이 있었고, 곧이어 바로 투표에 들어갔다. 투표 전 일부 집행이사들은 박 이사장에게 대구 지지를 직, 간접적으로 표명하였고, 박 이사장은 유치 가능성을 확신할 수 있었다. 결과는 예상대로 대구의 압도적 승리였다.

표결 결과는 비공개가 원칙이지만, 믿을 만한 IAAF 스태프에 의하면 대구가 18표를 획득했다고 귀뜸해 주었다.

박 이사장이 예상하는 그 18명은 아네 룅비스트(스웨덴), 헬무트 디겔(독일), 아마데오 프랜시스 (푸에르토리코), 루다팽(중국), 장 뿌쪼뷔(프랑스), 레너드 추에니(남아공), 나왈 엘 무타와켈(모로코), 로베르토 데멜로(브라질), 밥 허쉬(미국), 애비 호프만(캐나다), 알베르토 환토레나단저(쿠바), 이사야 키플라갓(케냐), 네빌 "테디" 멕쿡(자메이카), 세자르 모레노 브라보(멕시코), 자멜 시모하메드(알제리), 이레나 쩨빈스카(폴

란드), 한스요르그 위르츠(스위스), 박정기 (한국) 등이다.

놀랍게도 박 이사장이 몸바사 출발 전에 예상했던 득표수와 동일했다. 그러나 대구 지지의사를 밝혔지만 표결에 참석하지 못한 핀란드와 그리스 집행이사의 표를 감안하면 20표를 얻은 것이나 다름없다. 말 그대로 압승이었다.

박 이사장은 회의장 문을 나서면서 유치위 관계자에게 밝은 웃음으로 '승리'의 시그널을 보냈고, 대표단은 이제 신속하게 후속 조치를 준비할 수 있게 되었다.

사실 KBS는 '2011대회 유치, 2013대회 유치, 둘 다 실패했을 경우' 등 세 가지의 기사를 써 놓고 결과를 기다리던 중이었다. 만일 미리 언질을 주지 않았으면 9시 뉴스 생방송은 상당한 혼선을 빚을 뻔 했다는 게 KBS 관계자의 설명이었다. KBS는 그 짧은 9시 뉴스 생중계를 위해 이웃 국가 짐바브웨에서 2억5천만원을 주고 위성송출용 방송차량을 빌려와 발표장 옆에 설치하고 대기하고 있던 중이었다.

마쿠타노 룸(Makutano Room)에서 디악 회장이 예정 시간보다 3분이나 빨리 "2011 Daegu!"를 발표하였고, 발표장은 순식간에 환호성과 축하의 박수로 가득찼다. 이신바예바는 대구시장에게 축하의 말을 전하면서 눈물을 흘리기도 하였다.

이로써 아래 도표에서 보듯이 대한민국은 7번째로 세계 3대 스포츠대회를 모두 개최한 '트리플 크라운' 국가가 되었다.[9]

9) 대한민국은 2018년 평창동계올림픽을 성공적으로 개최함으로써 일본, 독일, 프랑스, 이탈리아에 이어 4대 스포츠 이벤트를 모두 개최하는 다섯 번째 국가가 되었다. 박 이사장은 2009년부터 평창동계올림픽 유치위원으로도 활약하였다.

〈스포츠 트리플 크라운 국가〉

국가	세계육상선수권	하계올림픽	월드컵
대한민국	대구(2011)	서울(1988)	2002 (한일공동)
이탈리아	로마(1987)	로마(1960)	1934, 1990
일본	도쿄(1991) 오사카(2007)	도쿄(1964)	2002 (한일공동)
독일	슈투트가르트(1993) 베를린(2009)	베를린(1936) 뮌헨(1972)	1974, 2006
스웨덴	예테보리(1995)	스톡홀름(1912)	1958
스페인	세비야(1999)	바르셀로나(1992)	1982
프랑스	파리(2003)	파리(1900, 1924)	1938, 1998

대구 대회 유치는 대구의 경제, 사회, 문화 등 전 분야에 걸쳐 획기적 발전을 이룰 수 있는 좋은 기회가 될 것임에 틀림없을 뿐 아니라, 한국 육상의 획기적 발전의 토대가 될 수 있을 것이다. 나아가 육상 비인기 지역, 특히 아시아의 육상 발전에 큰 기여를 할 것이라고 본다.

박 이사장은 라민 디악 회장에게 감사 편지를 보내는 것 또한 잊지 않았다.

Dear Mr. President,

First of all, I'd like to congratulate you for the successful council meeting and the decisions of the 2011 and 2013 World Championship venues in Mombasa.

You have shown a great leadership throughout the process and the strategy you have undertaken was something to marvel at. Not many people could have maneuvered the way you have done in order to bring more commitments from the candidate cities. As a matter for fact, the Korean Bidding Committee was under a considerable amount of pressure that it was forced to provide more incentives. I believe the City of

Moscow was under the similar kind of situation.

I admire and respect your dedication for the good of IAAF and International Athletics, and you have been resolute to that principle throughout the selection process. As I am in full agreement with your objectives, I share your concern over the International Athletics and I pledge my support in your endeavor to achieve that goal.

Sincerely yours,

Rocky

언론 보도

대구 유치가 성공하자 각 언론에서는 너나 할 것 없이 대구유치 성공을 대대적으로 보도하기 시작하였다.

- ‘로키(박정기 집행이사 애칭) 보고 대구 찍었다’ (중앙일보, 3. 27)
- ‘대구가 마침내 해냈다’ (한국일보, 3. 28)
- ‘최고 시설, 만점 시민… 대구의 힘 통했다’ (중앙일 보, 3. 28)
- ‘정치 · 종교 · 재계 모두가 뛰었다’ (중앙일보, 3. 28)
- ‘한국 ‘스포츠 G7’ 도약’ (중앙일보, 3. 28)
- ‘대구 유치는 골리앗을 물리친 대사건’ (조선일보, 04.01)

박 이사장에게도 여러 언론기관에서 인터뷰 요청이 쇄도하였다. 그러나 박 이사장은 모든 공(功)을 대구와 대구 시민에게 돌리고, 모든 인터뷰 요청을 정중하게 거절하였다.

유치대표단이 귀국한 이후 남은 집행이사회의 일정을 모두 소화하고 박 이사장이 귀국했을 때는 어느 정도 유치 성공의 흥분이 가라앉은 상태였다. 이 때 박 이사장에게 들어온 조선일보의 인터뷰 요청만은 거절

할 수 없었다.

다음은 조선일보 기사 전문이다.

"대구 세계육상 성공 확신… 전략종목 키워야"

국제육상경기연맹(IAAF) 박정기 집행이사

정부가 지도자 양성 등 육상발전 앞장을
집념 가지면 황영조 같은 스타 나타날 것

인터뷰=옥대환 스포츠부장 · 정리=홍헌표 기자 · 2007.04.02

▲국제육상경기연맹 집행이사로 2011년 대구 세계육상선수권 유치에 중요한 역할을 한 박정기 한국육상진흥회 이사장.

"막상 대구가 세계육상선수권을 유치했지만 4년 후 대회를 걱정하는 사람들이 많아요. 우리 선수들이 줄줄이 예선에서 탈락하고, 금메달 하나 따지 못한다면 개최국으로서 망신스럽다는 거죠. 그렇지만 저는 걱정 안 합니다."

재단법인 한국육상진흥회 박정기(朴正基·72) 회장. 그는 212개 회원국을 거느린 국제육상경기연맹(IAAF) 최고 의결기구인 집행이사회의 28인 멤버 중 한 명이다. 박 회장이 육상과 '평생 인연'을 맺은 것은 1985년 한국전력 사장 시절 대한육상경기연맹 회장을 맡으면서부터. 그는 1991년부터 4년 임기의 IAAF 집행이사를 네 차례 연임하면서 장대높이뛰기 세계기록 보유자인 세르게이 붑카(우크라이나) 등 선수 출신 동료 이사들과 '가족' 같은 관계를 맺고 있다. 육상 불모지 한국의 지방도시 대구가 압도적인 표차로 모스크바 등을 따돌리고 2011년 대회를 유치하게 된 데는 박 회장의 '보이지 않는 손'이 크게 작용했다. 박 회장은 "스타는 어느날 혜성처럼 나타나고, 집념을 가지면 반드시 이뤄낼 수 있다"며 대회의 성공을 확신했다.

▪ 케냐까지 먼 길을 가서 큰일을 하셨습니다. 이제 더 큰 과제가 생겼습니다. 4년 안에 한국육상을 획기적으로 발전시킬 수 있는 방안이 있을까요?

"우리 실정으로는 육상 발전도 위에서 주도하는 수밖에 없습니다. 한국육상은 '비(非)인기-선수와 스타 부재(不在)-수준 있는 대회 불가능'의 악순환에서 벗어나지 못하고 있습니다. 이 악순환 고리 중 하나를 먼저 끊어야 하는데, 이를 위해 관(官)이 나서야 합니다. 원래는 유럽처럼 생활체육을 바탕으로 육상이 발전해야 하지만 우리는 그렇게 안 됩니다. 시간도 없어요."

▪ 실력 있는 선수를 기르기 위해서는 어떻게 해야 합니까?

"지도자를 빨리 양성해야 한다고 생각합니다. 우리에게 자원이 없는 게 아닙니다. 인구 5,000만 명이면 괜찮습니다. 우수 자원을 찾아내는 안목과 좋은 재목으로 키울 수 있는 역량이 부족한 것이지요. 우수 지도자를 키우려면 역시 관 주도형 대책이 필요해요."

▪ 지도자 양성에 몇 년씩 걸릴 텐데 선수 육성은 언제 합니까?

"4년 뒤 대구에서 성적을 낼 선수를 키우려면 외국 지도자를 데려오면 됩니다. 1985년 육상연맹을 맡고 마라톤을 올림픽 전략 종목으로 삼았습니다. 일본 지도자를 추천받아 제주도에서 김재룡, 김완기 등을 훈련시켰어요. 일본 코치의 합리적이고 과학적인 훈련 스케줄을 국내 코치들도 배우게 했습니다. 그때 배출된 사람이 황영조를 키운 정봉수 감독입니다."

▪ 대구대회에서 어느 정도 성적을 거둬야 성공했다고 볼 수 있을까요?

"금메달 열 개, 스무 개는 필요없습니다. 하나만 따면 되는 거 아니겠어요. 황영조가 1992년 바르셀로나올림픽에서 금메달을 땄을 때 온 국민이 환호했습니다. 그때처럼 온 국민이 함께 좋아한 적이 없었죠. 일본도 1991년 도쿄대회 때 금메달을 하나밖에 못 땄습니다.”

▪ 현재 국내 육상계를 들여다보면 그럴 만한 재목이 없는데요.

“아닙니다. 천재는 따로 있습니다. 그때도 황영조처럼 등장하는 선수가 있을 겁니다. 황영조는 풀코스 세 번 만에 한국 최고기록을 세웠습니다. 외국 지도자를 초빙하고, 해외 전진훈련하면서 정성을 들이면 2011년에 위대한 선수가 나올 겁니다. 다만 몇 개 전략 종목을 선정해서 역량을 집중해야 할 것입니다.”

▪ 그렇다면 대구 대회의 성공을 확신하고 계시다는 말씀이네요?

“지금까지 살아 보니까 집념이 제일 중요합디다. 집념을 좋은 말로 하면 정성인데, 정성을 모으면 꿈꾸던 일이 어느날 반드시 이뤄집니다.”

▪ 너무 추상적이고 낙관적인 생각이 아닌가요?

“실제로 한국 사람들, 아주 능력이 뛰어납니다. 체력도 우수하고 머리도 좋아요. 누군가 불만 잘 붙이면 폭발적인 에너지가 나옵니다. 그런 역량 있는 국민이 있고, 또 김범일 시장을 비롯한 대구시가 열정을 갖고 있습니다. 아시안게임도 두 번이나 했고, 올림픽과 월드컵까지 다 성공적으로 치러내지 않았습니까. 문제없습니다.”

▪ 1985년 대한육상연맹 회장을 맡으실 때 무슨 계기가 있었습니까?

“정부가 1986년 아시안게임을 유지한 뒤 각 스포츠 단체들 조사했는데, 육상연맹이 엉망이었던 것 같습니다. 한전 사장을 할 때였는데 어느날 청와대에서 만나자고 하더니 가장 골치 아픈 육상연맹을 맡으라고 했습니다. 첫 이사회 때 '여러분은 반대 좀 하지 말라. 대안 없이 반대만 하면 가만 두지 않겠다'고 폭탄 선언을 했습니다. 그리고 86년 아시안게임에서 금메달 7개를 땄습니다. 당시 남자 200m의 장재근 선수 외에는 확실한 금메달감이 없었는데, 거의 기적을 일군 셈이었죠."

▪ 어떻게 해서 그렇게 단기간에 금메달을 많이 딸 수 있었나요?

"해외 지도자도 초빙하고, 중고교 꿈나무를 선정해 매월 30만 원씩 보조를 했습니다. 육상 3관왕 임춘애도 그 중 한 명이었죠. 임춘애는 대회 몇 개월 전부터 쑥쑥 자라나는 게 보였습니다. 800m, 1500m, 3000m를 석권하기란 지금도 아주 어려워요. 임춘애와 황영조 모두 '스타는 어느날 혜성처럼 나타나더라'는 이야기에 꼭 맞는 경우죠."

▪ 육상이라는 운동의 매력은 뭐라고 생각하십니까?

"저는 축구나 야구 같은 경기는 거의 안 보지만, 마라톤은 출발부터 끝날 때까지 계속 봅니다. 기록에 도전하고, 자기 자신과 싸우는 육상이라는 스포츠는 참으로 오묘합니다. 달리기, 뛰기, 던지기에는 인간의 원시(原始)에 대한 향수가 있는 것 같습니다. 육상 동작을 보세요. 얼마나 아름답습니까. 높이뛰기, 멀리뛰기 선수들의 몸 동작을 보면 매료될 수밖에 없습니다. 저는 그렇다고 쳐도 집사람은 저보다 더 육상을 좋아합니다. 시켜서 그런 것도 아닌데. 본래적인 가치가 있는 것 같습니다."

박정기 집행이사는 '22년째 육상과 인연을 맺고 있지만, 나는 여전히 군인.' 1970년대 초 윤필용 전(前) 수경사령관 비서실장을 지냈던 군(軍) 엘리트의 자부심은 여전했다. 대구 출신으로 육사 14기인 박정기 회장은 1973년 중령으로 예편한 뒤 1981년 정우개발, 1982년 한국중공업, 1983년 한국전력 사장을 차례로 맡아 경영인으로서도 능력을 발휘했다. 1985년부터 1996년까지 12년간 대한육상경기연맹을 맡아 한국 육상 중흥기를 이끌었다. IAAF 내의 별명은 '로키(Rocky) 박'. 육사 럭비선수 때 몸이 단단하고 믿음직하다고 해서 얻은 별명인 바우(바위의 경상도 사투리)의 영어식 표현. 지금까지 30만부 이상 팔린 《어느 할아버지의 평범한 이야기》 시리즈를 비롯, 《남북전쟁》, 《지도자》 등의 저자(著者)이기도 하다.

4월 11일 인터불고호텔에서 2011 대회 유치 성공 축하연이 열렸다. 이 자리에 참석한 박 이사장의 인사말이다. 역시 모든 공(功)을 대구시와 대구시민에게 돌렸다.

"김 범일 시장님의 과분한 말씀에 그저 송구하기만 할 뿐입니다. 저는 저에게 주어진 한 표를 확실하게 대구에 찍은 것밖에 달리 한 것이 없습니다. 절대로 모스크바에 찍지 않았습니다.

이번 몸바사 영광은 모두가 김 시장님의 탁월한 리더십과 유치위 여러분의 각고의 노력 덕분입니다. 특히 대구시민 여러분께 진심으로 감사드립니다. 대구시민들이 보여준 뜨거운 열정은 다른 유치 도시에서는 전혀 볼 수 없는 감동적인 것이었다고, 저의 동료 집행이사들은 입을 모아 칭찬을 했습니다. 결국 이번 유치 성공의 주역은 바로 250만 대구시민 여러분들인 것입니다.

내외 귀빈 여러분, 유치 성공의 기쁨과 환희는 이제 접어야 할 때라고 생각합니다. 우리에겐 산적한 일들이 너무도 많기 때문입니다. 앞으로 4년간 치밀하게 준비하여 역대 최고의 대회를 만들어야 할 소임이 우리에게 주어졌습니다.

김 사장님의 강력한 리더십과 대구시 직원들의 탁월한 업무 능력, 그리고 250만 대구시민의 뜨거운 열정을 미루어 볼 때 우리는 분명 최고의 대회를 만들 수 있을 것이라고 저는 확신합니다. 우리 모두 힘을 합쳐 우리 대구의 힘과 능력을 세계만방에 보여줍시다.

끝으로 오늘 이러한 축하의 자리를 마련해주신 대구육상연맹 김영훈 회장님께 감사드립니다.

감사합니다."

Ⅱ. 대회 준비 과정

압도적으로 2011 세계육상선수권대회 유치에 성공한 이후 대한민국 육상계와 대구는 한동안 흥분에 휩싸였다. 그러나 흥분도 잠시, 대회 준비와 운영, 선수 육성 등 산적한 과제가 발 앞에 떨어졌다.

이러한 상황에서 2007년 7월 대구MBC에서 방영한 〈2011, 세계가 대구로 온다〉 대담프로그램에 박정기 이사장, 김범일 대구시장, 홍석준 박사, 홍철 대구경북연구원장 등이 참석하여 열띤 토론을 펼쳤다. 이 대담 프로그램은 앞으로 대구가 준비해야 할 현안 문제들을 세부 분야별로 심도 있게 짚어 본 시간이었다. 또한 대회 준비를 위한 박 이사장의 의견 등이 잘 소개되고 있어, 박 이사장에 해당되는 질문과 답변을 요약해서 발췌해 보았다.

1. 관심 집중되는 대구대회

[사회자] 도시들마다 유치가 다 성공하면 좋겠지만 평창이 얼마 전 동계올림픽 유치에 실패하고 나니까 유치에 실패한 도시에 대해서는 사정을 잘 아는 도시로서 마음이 많이 쓰이게 됩니다. 박 이사장님은 세계육상계의 마당발로 잘 알려져 있고 누구보다도 영향력이 대단하신 분인데 지난주는 요르단을 다녀오셨죠? 요즘도 대구 얘기 많이 하십니까?

● 지난 7월 25~29일에 요르단에서 아시아 육상 선수권대회가 열렸는데 아무래도 아시아 지역대회다 보니 자연스레 대구 유치 성공 얘기가 많이 나왔고, 한국의 수도도 아닌 대구가 모스크바나 브리즈번 같은 세계적 도시를 누르고 대회를 유치한 것에 대해, 대구와 한국만의 승리가 아니라 아시아 전체의 승리라고 모두가 축하해 주었습니다.

2. 준비는 어떻게 돼가나?

[사회자] 조직위원회가 곧 출범해야 하는 것으로 알고 있는데 조직위 구성에 있어서 특히 신경써야 할 부분이 있다면 어떤 것입니까? 조직위 운영이 잘 되도록 하기 위해서는 미리 충분히 검토를 통해 시행착오를 최소화하고 효과를 극대화하도록 면밀한 검토가 있어야 하지 않겠습니까?

● 세계육상대회(이하 WAC) 운영에 관해서는 크게 두 가지로 나눌 수 있는데, 그것은 ① 대회 전체의 총괄적 운영과 ② 선수권 대회 자체의 경기관리 운영임. 여기서 총괄적 관리는 대구시장과 같은 뛰어난 행정가가 있어 문제가 없습니다.

그러나 경기 관리 운영은 다소 신경을 써야 할 부분입니다. 왜냐하면 우리가 86아시안게임, 88올림픽, IAAF가 주관하는 92세계 주니어 선수권대회 같은 큰 대회를 치르기는 했으나, 세월이 흐르고 보니 유능한 경기관계자들이 타계하고, 또 은퇴한 실정이기 때문입니다.

대구가 유니버시아드 대회를 성공적으로 치러냈기 때문에 큰 문제는 없겠지만, 그래도 수준 있는 대회가 되려면 유능한 경기인 육성에 신경을 써야 할 것 같습니다.

[사회자] 대회지원을 위한 특별법 제정도 중요할 것 같은데, 법은 한번 만들고 나면 중간에 고치고 수정하기가 정말 어렵지 않습니까. 특별법이나 한시법은 더욱 그렇습니다. 때문에 법을 만들기 전에 충분한 연구검토가 있어야겠는데 육상연맹이나 체육회 등에서도 적극적인 의견 제시가 필요할 텐데요?

● 지난 2월에 문화체육관광부에서 발표한 '육상 중장기 발전방안'이라는 게 있는데, 그 발전방안에 나오는 사항들을 효과적으로 달성할 수 있도록 특별법이 뒷받침해 주면 좋겠습니다.

3. 국비지원 예산의 확보

[사회자] 대회가 4년 남았는데 가장 중요한 것이 역시 예산 부분 아니겠습니까. 세계육상선수권대회와 아시안게임을 비교하면 예산이 몇 십 배씩 차이가 날 정도로 대회 규모나 비중이 그렇게 큰 차이가 나는 겁니까?

● 예산의 단순 비교는 의미가 없습니다. 왜냐하면 단순하게 대회 개최 비용만 적용한 것인지, 기반시설 확충 등 인프라 구축 비용까지 포함한 것인지에 따라 차이가 많이 나기 때문입니다. 참가국, 참가선수, 임원 규모를 비교해 보면 아시안게임은 45개국 12,000명, 하계올림픽 202개국 16,000명, 세계육상대회는 210개국 7,000명입니다. 중요한 것은 TV 시청자 수인데 아시안게임은 약 20억, 세계육상대회 65억, 올림픽은 220억 명이나, 세계육상대회는 9일간 경기를 하는 데 비해 올림픽은 27일간 하기 때문에 1일 시청자 수는 비슷하다고 보면 됩니다.

[사회자] 한편으로 오히려 정부가 대구대회를 계기로 우리나라 육상발전을 위해 적극적으로 투자지원을 스스로 하고 나설 필요가 있는 것 아닙니까?

● 너무도 당연한 말씀입니다. 대구가 어려운 여건에서도 어렵게 대회 유치를 성공시켰는데, 이번 기회를 놓치면 한국 육상 발전은 어렵다고 봅니다. 다행히 문광부가 발표한 중장기 육상 발전 방안은 내용이 충실한 것이므로 정부가 의지를 가지고 이를 시행한다면 정부의 역할은 충분할 것으로 봅니다. 유럽의 예를 보면 육상 선진국이 곧 선진국임을 알 수 있습니다. 이번 WAC는 그런 점에서도 국가 위상을 높이는 좋은 계기라 봅니다.

4. 당면한 현안 과제들

[사회자] 앞으로 4년 동안 지속적으로 해야할 더 큰 현안 과제들이 많습니다. 지금부터는 이런 부분을 얘기해 봐야겠습니다. 그 중에서도 가장 시급한 것은 바로 육상선수 육성·발굴이라고 해야겠습니다. 세계육상대회를 유치한 나라로서 이 부분이 어쩌면 가장 핵심적 과제 아니겠습니까? 대구시보다도 이 부분에 대해서는 우리나라 전 체육계가 나서야겠고 육상계가 가장 많이 고민을 해야 할 부분이라고 해야겠는데 어떻습니까?

● 정말 시급하고 당면한 과제입니다. 유치 성공 직후인 지난 3월 30일 육상연맹에서는 신필렬 회장 주관으로 2011세계육상대회 대책회의를 한 것으로 아는데, 육상계가 누구보다 이 문제를 두고 고민하는 것은 사실입니다. 그런데 이 문제는 크게 걱정은 안 해도 되는

것이, 현재 연맹을 맡고 있는 회사가 삼성입니다. 삼성이 어떤 회사입니까? 모든 면에서 초일류를 지향하고, 또 이를 달성해 가는 게 삼성 아닙니까? 삼성이 나서면 이 문제는 잘 풀릴 것으로 생각합니다.

[사회자] 이번에 요르단에서 열린 아시아육상선수권대회에서 아시아선수로는 처음으로 카타르 선수가 100미터에서 10초벽을 깨 관심의 초점이 됐습니다. (세계무대에서는 10초벽이 깨진 것은 39년전인 1968년이고 최고기록은 2005년 6월 자메이카 아사파 파웰 선수가 세운 9초 77)

● 오늘 이 시점에서는 유감스럽게도 현저하게 두각을 나타내는 선수는 아직 없는 것으로 알고 있습니다. 100미터의 경우 임희남 선수가 이번 요르단 아시아육상대회에서 서말구 선수의 한국신기록에 육박하는 10초 42를 기록했는데, 임 선수의 특징은 왕년의 칼 루이스 같이 후반부 스퍼트가 좋아 기대하고 있습니다. 임 선수 외에도 100m 꿈나무 가운데 2~3명이 떠오르고 있습니다. 그 중에 중학교 2학년으로 역사상 최연소 국가대표로 선발된 강다슬 선수가 있는데, 지금은 어려서 그 기록이 12초 17에 불과하지만 잘 훈련시키면 가능성이 큽니다.

그리고, 그 외 종목에서는 경보 부문에서 몇몇 선수가 세계 수준에 올라 있고, 투창의 박재명 선수는 자기 기록만 내 준다면 메달권에 있는 선수입니다. 그런데 우리나라는 1979년 서말구 선수가 10초34를 기록한 이후 28년이 지난 지금까지 이 기록을 깨지 못하고 있어 참으로 답답한 상황입니다. 한국기록을 깨는 선수에게는 1억원의 포상금도 걸려있고 유망주들은 많다고 봅니다.

[사회자] 육상도 세부종목이 많지 않습니까?

● 단기간에 모든 분야를 끌어올릴 수는 없고 전략종목을 선택하는 것도 한 방법이 될 수 있겠다는 생각을 하게 되는데, 앞으로 전략종목 중심으로 선수 육성을 하는 게 최선의 길입니다.

전략종목으로는 마라톤, 800m, 1,500m 중거리, 투창, 경보 등을 들 수 있는데, 마라톤은 황영조, 이봉주를 통해 이미 우리 체질에도 맞는 종목이라는 게 증명되었고, 800m, 1500m 같은 중거리도 내가 연맹 회장 당시 동독 코치가 권고해서 선수 육성을 해 보았는데, 역시 우리에게 유망한 종목입니다. 90년대 초반에 대구 출신 이진일이라는 선수는 800m를 1분 44초 기록했는데, 이 정도 기록이면 올림픽이나 세계육상대회에서 메달권에 충분히 들어가는 기록입니다. 4년 열심히 하면 가능성이 없는 것은 아닙니다.

[사회자] 육상선수들이 많아지고 관심을 높이려면 스타선수가 탄생해야겠고 또한 대학팀, 실업팀들이 많이 생기면서 대회도 지금보다 훨씬 많아져야 할 것 같은데 지금의 현주소와 함께 앞으로 방향을 제시해 주시죠.

● 세상일이 다 마찬가지이지만, 좋은 선수를 많이 배출하려면 물이 흐르는 것과 같은 자연스러운 시스템을 구축해야 합니다. 따라서 실업팀이나 대학팀이 많으면 선수들의 진출 기회가 그만큼 많아지므로 가장 바람직한 방법 중의 하나입니다. 그러자면 역시 대기업이 적극적으로 나서서 대학팀도 지원하고, 실업팀도 창설해야 하는데, 지난번 대구은행이 2011대회 대비 마라톤 팀을 창설한 것은 매우 고무적인 일이라 생각합니다.

[사회자] 최근에 요르단도 다녀오셨고 다른 대회도 많이 가 보셨기 때문에 대구의 문제점도 눈에 잘 들어올 것 같은데요. 대회홍보에서부터 도시 인프라에 이르기까지 대구가 앞으로 개선하고 보완할 것이 있다면 어떤 부분인지 몇가지를 지적해 주실수 있습니까?

● 대구는 2003년 하계 유니버시아드 대회를 성공적으로 치렀기 때문에 대회 홍보 면에서 외국 타 도시에 뒤지지 않고, 대구의 메인 스타디움이나 선수촌, 또 도시 인프라는 세계 수준급이라고 생각하며, 특히 메인 스타디움과 선수촌은 세계 탑 클래스입니다. 그러나 한 가지, 대구에는 인천공항과 같은 국제공항이 없기 때문에 선수, 임원 등이 다소 불편을 느낄 수도 있습니다. 그러나 교통편을 다양하게 운용한다면 큰 문제는 없을 것으로 보입니다.

5. 2011년에 거는 대구의 꿈

[사회자] 아시아에서 한국이 육상 강국으로 거듭나는 것도 큰 꿈 아니겠습니까. 4년 뒤 대구대회를 통해 이 꿈이 이뤄진다면 더 이상 바람이 없겠죠?

● 육상계와 인연을 맺은 게 20여 년이 넘었습니다. 정말 한국이 육상강국으로 거듭나면 얼마나 좋은 일이겠습니까? 지금부터 4년간 전력투구를 하면 우리의 꿈도 이루어질 것으로 믿고 있습니다.

6. 마무리

[사회자] 2011년 대구세계육상대회는 앞으로 꼭 4년 남았습니다. 길다면 길지만 짧다면 아주 짧은 기간이 남았습니다. 때문에 지

금부터는 이제 정말 바쁘게 움직여야만 될 것 같습니다. 오늘 좋은 말씀들 많이 주셨습니다만 마지막으로 한말씀 듣고 끝내도록 하겠습니다.

● 이렇게 훌륭한 자리를 마련해준 MBC에 감사합니다. 이 기회에 TV매체에 바라고 싶은 게 하나 있는데, 새로운 촬영기법이나 편집을 통해 육상경기 속에 내재한 아름다움을 재발견하자는 것입니다. 한국 씨름이 한때 국민적 인기를 모은 적이 있는데, 그것은 20여 년 전 한 방송국 PD가 한국 씨름의 역동성, 기술 같은 것을 TV 매체를 통해 시청자들을 매료시켰기 때문으로 알고 있습니다.

육상경기는 승부만 가리는 축구, 야구와 달리 기록경기이고 개인경기이기 때문에, 관중들이 육상에 매력을 느끼게 하자면 흥미의 초점을 육상경기가 갖고 있는 육상 동작의 특별한 미(美)에 초점을 맞추고, 새로운 동작미를 발굴하여 관중을 매료시켜야 합니다. 사실 육상의 달리기, 높이뛰기, 장대높이뛰기 같은 동작을 새로운 시각에서 관찰해 보면 정말 그 몸놀림이 아름답기 그지없습니다. 이번 대구 세계육상대회에서 TV 매체가 새롭게 육상의 미를 재창조할 수 있다면, 세계 60억의 인구가 대구대회를 통해 육상을 다시 발견하게 되고, 따라서 대구 세계육상대회도 특별한 평가를 받을 수 있다고 생각합니다.

박 이사장은 앞으로 대회 준비를 위한 현안사항으로 ① 대회 운영, ② 선수 육성, ③경기 운영 , ④ 육상 붐 조성, 이 네 가지로 요약했다. 대회 운영은 유능한 인재들이 많은 대구시가 알아서 완벽하게 준비할 것으로 확신하고 있고, 나머지 분야도 실은 책임 기관인 육상경기연맹과 대구시가 주도적으로 담당해야 할 사안이다.

그러나 조직위원회 명예위원장으로서, 또 대회 유치에 한 부분을 담당했던 사람으로서, 대구를 지지해 준 많은 동료들의 도움에 보답하는 차원에서라도 뒷전에 물러서서 구경만 하고 있을 수만은 없었다. 박 이사장 나름의 해야 할 일이 있으면 기꺼이 그 역할을 다 할 수밖에 없는 상황이었다.

1. 선수육성 및 육상 경기력 향상 대책

박 이사장이 생각한 가장 큰 숙제는 '국내 선수와 외국 선수와의 실력 차를 어떻게 극복하는가'이다. 기준기록(Qualifying Standard)이라는 게 있다. 각 대회 별로 그 대회에 참가할 수 있는 최저 기록을 말한다. 참가 선수 간의 실력 차가 너무 크면 경기의 긴장감도 떨어질뿐더러, 맨 마지막 선수가 골인할 때까지 기다리자면 경기 시간도 그만큼 더 소요되기 때문에 일정 기록 이상으로 참가를 제한하는 장치이다.

당시 기준기록을 통과한 한국선수는 마라톤, 경보 등 도로경기에 몇 명 있었을 뿐, 필드나 트랙 부문에는 전무하다시피 한 것이 한국 육상의 현실이었다. 비록 대회 개최국 자격으로 종목별로 1~2 명 경기에 참가할 수는 있겠지만, 개최국에서 메달은 고사하고 결선에 오르는 자국 선수가 한 명도 없다면, 관중이나 시청자들의 관심을 받지 못할 것은 분명하고, 이는 세계대회 유치의 명분에도 맞지 않는 것이다.

결선 진출자가 많을수록 좋겠지만, 우리 육상 사정상 그럴 가능성은 희박하고, 그냥 몇 명만 나와 줘도 효과는 충분하다는 게 박 이사장의 생각이었다. 그러나 아무리 따져 봐도 결선에 진출할 만한 선수가 없다. 여

기저기 자문도 구해보고 방법을 모색해 봤지만 뾰족한 수가 없다. 누구는 "경보(競步) 강국인 중국에 조선족이 있을테니, 속히 색출하여 귀화시키자."라고 하지를 않나, "미국 어느 주에 재미교포 학생 하나가 100미터 기록이 아주 좋다더라. 그 학생을 키워보자." 등등 허무맹랑한 '설(說)'만 난무하였다. 박 이사장은 이러한 편법보다는 비록 시간은 걸리겠지만 정공법을 모색했다.

그 일환의 하나로 육상 강국인 자메이카의 맥쿡(Neville "Teddy" McCook) 집행이사를 대구 국제육상대회에 초청하여 대회를 참관케 한 다음 서울로 그를 초청하여 한국의 육상 경기력 발전을 위한 간담회를 가졌다.

당시 세상을 들썩일 정도로 인기가 있었던 우사인 볼트는 물론 아사파 파월, 요한 블레이크(2011 대구 100m 우승자), 벤 존슨(88서울올림픽 100m 우승), 멀린 오테이, 베로니카 캠벨 브라운 등 이름만 들어도 알 만한 불세출의 남녀 단거리 강자들을 배출한 자메이카의 육상 전문가와의 대담은 많은 기대를 걸게 만들었다.

박 이사장은 사전에 다음과 같이 몇 가지 질문 자료를 준비했다.

1. 2011대회 한국 육상 목표를 메달 1명, 결선진출자 3명으로 잡는다면 권장할 만한 종목은 무엇인가?

2. 새로운 유망주를 발굴하기 위해 외국 전문가를 심사위원으로 위촉하려고 하는데 가능한지, 가능하다면 추천해 줄 만한 전문가가 있는지?

3. 훈련 장소로 ①전원 해외 위탁훈련 ②국내 훈련(해외 코치 초빙) ③국내, 해외 병행 중 어느 방법이 가장 효율적인가?

4. 해외훈련 위탁시 적절한 종목별 파견국가, 기간, 체류비와 코치 대

우 정도는?

5. 국내 훈련시 해외코치 대우와 국내 코치와의 업무 분담 정도는?

6. 유망 지도자 육성방법은?

9월 26일 롯데호텔에서 진행된 맥쿡 집행이사와의 대화는 오랜 시간 진지하게 진행되었다. 맥쿡 집행이사는 자메이카에서 매년 깁슨 릴레이(Gibson Relays)라는 국제육상대회를 주관하고 있다. 그는 그 대회의 참가선수들 기념품으로 한국산 시계를 선정하고, 시계의 주문, 디자인, 포장, 배송 등을 박 이사장에게 부탁하여 과거 10여 년 간 한국육상진흥회가 이 업무를 대행해 주었던 인연이 있다. 그래서인지 맥쿡은 진심으로 한국육상을 위해 자기가 알고 있는 모든 것을 알려 주려고 애썼다.

맥쿡 집행이사와의 토론 결과 몇 가지 결론이 도출되었다.

첫째, 맥쿡 본인의 정보와 2008년 대구육상대회에 출전한 한국선수들을 관찰한 결과 추천할 종목은 허들, 창던지기, 단거리인데 좋은 코치 밑에서 훈련을 잘 받으면 3개 종목은 예선 통과가 가능할 것으로 보인다.

둘째, 해외 훈련 장소로 자메이카도 좋은 조건이다. 자메이카의 UWI(Univ. of West Indies)에는 편의시설 및 선수와 코치가 과학적으로 훈련할 수 있는 프로그램이 준비되어 있다. 자메이카 킹스턴에는 IAAF의 HPTC(High Performance Training Center)도 운영되고 있어 도움이 될 것이다.

셋째, 해외 훈련시에는 선수와 지도자가 함께 훈련을 하는 것이 바람직하다. 그래야 귀국해서도 훈련 기조를 지속할 수 있다.

넷째, 해외 코치 초청에 관해서는 단거리 부문은 자메이카 코치가 바람직하며, 우사인 볼트를 지도한 글렌 밀스(Glen Mills), 콜맨(Fitz

Coleman) 코치 등이 대상이 될 수 있다. 투창과 높이뛰기 등 필드 종목은 쿠바 코치가 가장 좋다. 쿠바 코치는 유럽에 많이 파견되어 큰 성과를 보이고 있다. 해외 코치 초청에 관해서는 본인이 도움을 줄 수 있다.

박 이사장은 10월 1일 유인촌 문화체육관광부 장관과의 간담회에서 맥쿡 집행이사와의 대담 결과를 기초로 작성된 2011 대책을 보고하면서 정부차원의 대폭적인 지원을 요청하였다. 이 자리에는 박 이사장과 김범일 대구시장, 신필렬 대한육상경기연맹 회장, 2011대구 조직위원회 문동후 부위원장이 참석하였다.

장관에게 건의한 내용은 다음과 같다.

2011 대비 경기력 육성 방안

1. 일반방침
  가. 전략종목의 선정
  나. 우수선수 발굴 및 육성
  다. 지도자 육성

2. 세부사항
  가. 전략종목 선정: 경쟁력 있는 종목 우선 선정
    - 트랙: 100m, 800m, 1500m
    - 필드: 투창, 멀리뛰기, 세단뛰기, 높이뛰기, 장대높이뛰기
    - 도로: 마라톤, 경보
  나. 우수선수 발굴 및 육성
    - 전국의 고교 및 대학 2학년 육상선수를 대상으로 전략종목

별 우수선수 선발전 개최 (육상 붐 조성을 위해 미디어와 연계)
- 선발자들을 해외파견, 우수 해외지도자 초청, 국내 지도자 활용을 적절하게 안배하여 단계별로 육성

다. 지도자 양성: 장기적 과제
- 영어 가용 자원을 확보한 다음 육상 실무 교육
- 해외파견을 통한 선진기술 및 경험 습득
- 이들을 지도자와 국제심판요원으로 육성

3. 행정사항

가. 강력한 동기부여책 시행: 선수 및 지도자
- 포상금:
  • 한국신기록, 아시아신기록, 세계신기록
  • 메달획득 포상금
- 장래신분 보장: 기업체, 육상아카데미 코치, 직원 등 보장
- 병역혜택: 정부와 협의

나. 실현 가능성이 있는 포상금제 시행
- 기준기록 통과자, 10위권 이내 달성자, 결선 진출자 등

이러한 박 이사장의 제안은 2008년 11월 26일 문화체육관광부가 발표한 육상 발전을 위한 마스터플랜인 〈한국 육상 중장기 발전계획〉 수립의 토대가 되었고, 또한 육상연맹에서는 이 제안에 의거하여 단거리 국가대표 선수들의 자메이카 전지훈련도 실시하였다.

2. 경기운영과 심판양성

86아시안게임, 88올림픽, 92세계주니어육상대회를 경험하면서 박 이사장이 가장 중요하다고 느낀 것 중의 하나가 육상 47개 각 종목별로 전문적인 지식과 판단 능력을 겸비한 심판 요원의 필요성이었다.

IAAF의 인증을 받은 국제심판(ITO; International Technical Official), 지역심판(ATO; Area Technical Official)이 거의 없는 한국의 입장에서 심판 요원 양성은 가장 시급한 문제가 아닐 수 없었다.

그래서 박 이사장은 대한육상연맹에 심판 양성 교육의 가장 적임자로 멕시코의 모레노 브라보 집행이사를 강력 추천하였고, 이 제안이 육상연맹과 IAAF에 받아들여져 국가기술임원(NTO; National Technical Official) 양성 교육이 2009년 2월 2차에 걸쳐 60명을 대상으로 대구스타디움에서 실시됐다.[10]

그는 국내강사로 선정된 구본칠 교수(경남대)와 팀을 이뤄 혼신을 다해 교육을 하였고, 60명의 수강생들도 국내에서는 처음으로 실시되는 수준 높은 강의에 자긍심을 가지고 열심히 따라주었다.

IAAF의 기술임원 교육 및 인증 과정인 〈TOECS(Technjcal Officials Education and Certification System) 레벨 1 코스〉 교육은 총 5일에 걸쳐 이론과 실습을 병행하여 실시되었다.

앞에서도 언급했듯이 모레노 브라보 집행이사는 박 이사장과 같이 1991년 도쿄에서 집행이사로 선출된 가장 절친한 동료로, 1968년 멕시코 올림픽 때 멕시코 국가대표 감독을 역임하였고, IAAF의 3명의 기술임원(TD; Technical Delegate) 중 한 사람으로 IAAF 규정 및 기술 관련

10) 이후 4차례 더 국가기술임원(NTO) 교육이 실시되어 총 127명의 국가기술임원이 배출되었다.

최고 권위자 중 한 사람이다. 97년 아테네, 1999년 세비야 세계육상대회 기술임원을 역임했으며, 실력과 인품을 겸비한 인물로 세계 육상인들의 존경을 받는 인사다.

그는 유치 단계 처음부터 오로지 대구 편이었다. 마치 멕시코가 1997년 세계육상대회를 유치해 놓고도, 대선에서 정권을 잡은 야당이 이전 정부의 결정을 뒤엎는 바람에 대회를 반납할 수밖에 없었던 아쉬움을 대구를 통해 풀기라도 하려는 듯, 대구를 위해 적극적으로 나섰다. 유치 신청도시 평가를 위한 실사(Site Visit)단의 일원으로 모스크바, 바르셀로나, 브리즈번에 이어 마지막으로 대구 실사를 마친 후 박 이사장에게 보낸 편지를 보면, 그의 대구에 대한 애정과 관심을 엿볼 수 있다.

2007. 2. 27

Dear Rocky,

This is to tell you that, after visiting such prestigious cities as Moscow, Barcelona, Brisbane and Daegu, I have reflected very deeply in how to react. As a member of the Evaluation Commission I must be neutral and impartial, but I also must observe and take note of facts. It has been difficult to me to leave aside the great admiration I feel for Korean people and for your wonderful family, and even by doing this, I feel that Daegu is in first place. No other Mayor has shown such enthusiastic support. The Stadium has the best technical conditions; the athletes will have a superb class accommodation. The farewell dinner was a demonstration that the whole country is behind you. And the human qualities of the people heading the Bidding Committee are so important... Dear Rocky, I will support Daegu not only because I am so honored with your friendship, but because Daegu deserves the opportunity all other three cities have already enjoyed, and furthermore, Rocky, if I can be of any help in contributing to upgrading the quality of officiating the competition, as offered to Mr. Keun-Taik KANG, please count with me.

Finally, like my wife I was flattered by receiving so many beautiful gifts, from the flowers, the Chinese wine, camera, etc., etc., etc. There was no need for that! Thank you very much!

Cesar

박 이사장은 교육을 마친 모레노 브라보 집행이사를 별도로 서울로 초청하여 감사함을 표했다.

2009. 2. 21

Dear Cesar,

I hope every thing goes well in your endeavors for the TOECS in Daegu. Korean athletics' families are happy to have an opportunity having an outstanding lecturer like you to train Korean NTOs. I am confident that Korean judges and other officials will play very successful jobs in the 2011 Daegu WCH thanks to your good teachings.

By the way, I would like to suggest you to come to Seoul and stay a couple days before you leave Korea at the end of TOECS Course. Please take a good care of yourself.

Regards,

Rocky

2011 세계선수권대회가 모두 끝나고 대구시는 모레노 브라보에게 대구광역시 명예시민증서와 황금열쇠를 전달하여 그의 대구대회에 대한 기여에 감사함을 표했다.

3. 육상 붐 조성을 위한 저서 출판

박정기 이사장이 대회 성공을 위해 관심을 가진 또 하나의 분야는 육상 붐 조성이다. 국민이 육상에 관심이 없다면 관중석은 텅 빌 것이고, 설사 행정력을 총동원하여 관중을 끌어들였다 하더라도 경기에 흥미를 느끼지 못한다면 어쩔 것인가…. 또 출발 신호 때 관중들이 떠들고 소란이라도 피운다면? 생각만 해도 머리가 지끈거렸다.

박 이사장은 지난 30여 년 동안 세계 각국의 다양한 육상 대회를 두루 참관했다. 유럽이나 미주 국가의 육상대회에 가 보면 꽉 들어찬 관중석은 그렇다 치고, 다양한 종목의 경기 모습을 지켜보는 관중들의 관전 태도와 몰입도는 부럽기가 한이 없었다. 선수의 동작 하나하나에 호흡을 맞추기라고 하는 듯 일제히 숨을 죽였다가, 또 일제히 환호성을 터뜨린다. 선수가 실패했을 때는 자신이 실패한 것마냥 일제히 아쉬움의 탄성을 내뱉는다.

2005년 헬싱키 세계육상대회 때의 일이다. 경기 도중 갑작스럽게 억수같이 소나기가 쏟아졌다. 그런데 관중들은 꿈쩍도 안하고 제자리에서 계속 경기를 관람하는 게 아닌가? 정말 감동적이었다. 그만큼 육상을 좋아하고, 진정으로 육상을 즐기는 모습이었다.

어떻게 그럴 수 있을까? 그것은 육상을 알고 있기 때문이다. 규칙을 알고, 기록을 알고, 그 묘미를 알기 때문일 것이다. 높이뛰기나 장대높이뛰기에서 아슬아슬하게 바를 넘어갈 때 그 긴장감, 짜릿함, 인체의 아름다움을 그들은 알고 있는 것이다.

"누가 뭐래도 나는 육상을 사랑한다. 재미없다? 모르는 소리. 축구? 신난다. 야구? 물론 재미있다. 사실이다. 인정한다. 그러나 육상은 예술이다. 아름답다. 그래서 서양에서는 '스포츠의 여왕(Queen of All Sports)'이라 하지 않더냐. 나는 축구와 야구를 소설에 비유한다. 그런데 육상은 시(詩)다. 인체공학상의 육상만큼 아름다움을 표현하는 운동이 없다. 달리고, 뛰고, 던진다. 인간이 수천만 년 동안 살기위해 해온 동작이다. 조상 대대로 내려 받은 이 운동에 대한 향수가 우리 몸 깊숙한 곳에 아련히 남아 있다.

육상의 달리고, 뛰고, 던지는 동작은 야구나 축구, 골프 때와 다르다. 육상은 기본동작이다. 응용한 게 아니다. 오리지널이다. 그래서 독자적이요, 창의적이다. 그래서 아름답다,

유럽이나 미국의 육상경기장에 가보라. 5만 명 스타디움은 언제나 만석이다. 그들은 왜 가는가? 예술을 보러, 아름다움에 취해보려고 간다. 함성이 터져 나온다. 관중의 환호성이 흥분의 도가니로 만든다. 앉아 있기만 해도 신바람이 난다.

선수들의 날랜 몸이 바람을 가르며 달린다. 손놀림, 발놀림이 절묘하다. 예술이다. 너무도 아름답다. 정지된 정물화가 아니다. 살아 움직이는 동선이다. 저 스피드, 저 역동성! 친구여, 천상의 아름다움이란 바로 저런 거다. 영어권에서는 저 아름다움을 미적(美的) 운동(Aesthetic Movement)이라 하던가? 선진국 사람들, 그거 보러 간다. 그 사람들 심미안(審美眼)은 남다르다. 높고, 깊다."

박 이사장이 평소 주장하는 '육상경기관(觀)'이다.

어떻게 육상의 이 아름다움을, 재미있음을 국민들에게 알릴 수 있을까? 그래서 2011년 대구 스타디움의 관중들이 선수와 함께 호흡하며, 그들의 동작 하나하나에 환호하게 할 수 있을까? 박 이사장의 고민은 깊어만 갔다.

'그래, 책을 쓰자.' 박 이사장의 결론이었다.

1년여의 작업 끝에 탄생한 것이 《스포츠의 여왕, 육상경기-그 영웅들의 이야기》(2010년, 한국육상진흥회 간)다.

이 책은 육상의 역사에서부터 47개 전 종목의 규정, 기록 변천 과정, 최신 정보를 육상을 잘 모르는 사람들도 쉽게 알 수 있도록 자세하고 흥미롭게 설명하였다. 또한 각 종목별로 시대를 풍미한 육상 영웅들의 이야기를 소개함으로써 그 재미를 더했다.

이 책의 머리말을 보면 저자의 집필 동기가 잘 나타나 있어 그대로 옮겨본다.

……

2011년이면 세계육상선수권대회가 대구에서 열리게 됩니다.

이 대회는 올림픽, 월드컵 축구와 함께 세계 3대 스포츠 행사의 하나입니다. 세계 200여 국가로부터 3,000여 명의 선수와 임원, 그리고 2,000여 명의 보도진이 대구로 몰려오고, 전 세계적으로는 50억 이상의 TV 시청자가 이 경기를 보게 됩니다. 이제 대구는 이 대회를 통해 국제적으로 널리 알려지게 될 뿐만 아니라, 한국에 대한 세계인의 인식도 많이 달라지게 될 것입니다.

육상경기는 축구나 야구와 달리 한 종목이 아니라 무려 47종목으로 구성된 다양한 운동입니다. 따라서 육상에 대한 최소한의 지식은 갖고 있어야만 육상경기를 제대로 감상할 수 있는 것입니다.

이 책은 바로 이러한 목적을 위해 쓴 책입니다. 즉 육상경기를 즐기기 위해, 그리고 육상경기의 세계적인 잔치인 대구대회를 제대로 감상하기 위해 꾸며본 책입니다.

이 책은 교과서는 아닙니다. 그냥 이야기책입니다. 육상경기에 대한 얘기, 그동안 활약했던 육상영웅들의 얘기를 통해 육상경기를 쉽게 이해하도록 엮어본 것입니다. 어제와 오늘의 스타를 통해 우리는 육상의 진수를 알고 또 육상경기에 대한 재미를 더할 수 있을 것입니다. 그리고 지난날 육상영웅들의 애환은 곧 우리의 교훈이기도 합니다.

스포츠는 관중과 선수가 호흡을 같이 할 때 그 진가를 발휘할 수 있습니다. 따라서 스포츠에 대한 관중의 이해가 무엇보다 선행되어야 합니다. 모쪼록 이 책이 육상경기를 이해하는 데 일조가 되기를 바라면서, 아울러 대구대회의 큰 성공을 빕니다. (2010년 6월)

……

대구 조직위원회는 이 책을 대국민 홍보용으로 적극적으로 활용하였다. 나중에 이 책은 영문판, 불어판, 포르투갈어판으로도 번역되어 해외 언론에서도 주목을 받았다. 특히 브라질 공용어인 포르투갈어판은 IAAF의 지원으로 번역, 출판되어 2016년 브라질 리우올림픽 때 육상경기 홍보 저서로 활용되기도 하였다.

2011년 대구대회 때, 세바스찬 코 2012 런던올림픽 조직위원장 겸 IAAF 부회장은 "이렇게 많은 관중이 선수들과 호흡을 맞춰 응원하는 것은 기적과 같다"고 감탄하면서, "You raised Bar!"라고 했다. 대회의 격을 한 단계 높였다는 의미다.

이러한 결과의 이면에 박 이사장의 저서가 큰 영향을 미쳤을 것으로 생각한다. 피에르 바이스 IAAF 사무총장 역시 100미터 출발시 대구 관중이 보여준 '완벽한 침묵'의 기적에는 박 이사장의 이 저서를 통한 교육의 효과도 있지 않았겠냐고 하였다.

육상과의 인연

한편 박 이사장은 2011 세계육상대회를 준비하는 조직위원회 직원들을 위해서도 시간을 할애했다.

2009년 4월 17일, 대구은행 연수원에서 열린 조직위원회 사무처 전 직원 90여 명이 참석한 연찬회에 초청된 박 이사장은 〈나와 육상〉이라는 주제로 특강을 실시했다. 박 이사장이 어떻게 육상과 인연을 맺게 되었으며, 86아시안게임을 치렀을 때의 경험을 바탕으로 세계대회 개최의 의의와 이를 준비하는 직원들의 각오와 마음가짐 등을 당부하는 내용이었다. 비록 시간 관계상 내용을 조금 압축해서 강의는 했지만, 처음 박 이사장이 준비한 원고를 그대로 소개한다.

……

나와 육상

박 정 기

IAAF 집행이사 · 대구조직위 명예위원장

1985년 1월, 불과 1년여 후 서울에서 치를 86아시안게임을 앞두고 정부는 큰 고민에 빠졌다. 국가의 위신과 명예회복을 위해서 홈에서 벌어지는 '잔치'에 단순한 구경꾼이 되어서는 안 되며, 종합우승은 못하더라도 최소한 2위는 해야 한다는 절박한 상황에 처했기 때문이다.

사실 86아시안게임 서울 개최에는 눈물겹고 쓰라린 우리의 과거 사연이 있었다. 1966년에 우리나라는 1970년 아시안게임을 유치하게 된다. 그러나 '67년 3월 우리는 눈물을 머금고 그 대회를 반납하였다. 1인당 GNP 142달러의 세계 167위의 최빈국 상황에서 대회를 열 만한 여력이 없었던 것이다. 반납한 대회는 태국 방콕에서 큰 인심 쓰듯 대신 대회를 개최해 주었다. 국가의 자존심이 땅에 떨어진 것은 당연. 86아시안게임은 이러한 뼈아픈 과거가 있은 후 서울에서 처음 열리는 아시안게임이니만큼 우리로서는 운영 측면에서만이 아니라, 경기 결과에서도 철저하게 명예회복을 해야 할 확실한 이유가 있었던 것이다.

정부는 고민 끝에 대기업에서 주요 경기 가맹단체를 하나씩 맡아 책임지고 중점적으로 육성하라는 지시를 내린다. 레슬링은 삼성, 탁구는 동아그룹, 양궁은 현대그룹, 테니스는 한진그룹 등등. 한국전력은 국영기업체이니만큼 기초 종목인 육상을 맡으라는 특별지침과 함께 말이다. 이렇게 해서 당시 한전 사장이었던 나와 육상의 인연이 시작된 것이다. 이러한 정부의 지시 뒤에는 다가오는 88서울올림픽을 대비하라는 또 다른 목적도 있었다.

1986년 6월 초인가 아시안게임 D-100일을 기해 대국민종합보고대회가 청와대에서 열렸다. 대통령은 물론 정부 각 부처 장관, 여야 정치권 인사, 국민 대표, 각 경기 가맹단체장 등이 총 망라한 대형 보고회였다. 각 경기단체 브리핑에서 예상 금메달 수를 발표했지만, 예상 수량이 아니라 아예 일방적으로 금메달 수를 배정하는 형식이었다.

문제는 육상. 당시 예상되는 금메달은 200미터의 장재근 선수 하나밖에 없었는데, 2개를 목표로 배당한 것이다. 그것은 도저히 불가능하겠다 싶어 나는 즉시 손을 들고 반발했다.

"육상에서 금메달 2개는 불가능합니다."

참석자들은 일제히 놀란 눈으로 나를 쳐다보았다. 이미 대통령께도 보고한 사안일 터인데, 그것도 대통령 면전에서 강력하게 반발하는 모습에 모두들 기겁을 한 것이다. 그러자 전두환 대통령의 추상과 같은 하명이 떨어진다.

"그러면 연맹 회장이 직접 뛰세요."

어색한 분위기를 무마시키려는 대통령의 위트일 수도 있지만, 목표량 변경은 불가하다는 확고한 정부의 의지임을 엿볼 수 있는 것이었다.

사정이야 어찌됐든 대통령의 지시를 거역할 수는 없는 것. 그 이후부터 수반되는 온갖 고민은 온전히 육상의 수장인 나의 몫이었다. 방법은 정성을 다하는 수밖에 없었다.

매일 새벽 삼성동 한전 사무실로 출근하기 전에 잠실 스타디움을 들러 간절히 기도를 했다. 관중석에도 앉아보고, 트랙도 뛰어보고, 트랙의 바닥도 만져보고…. 한편으로는 대표 선수들을 모아 정신훈련도 실시했다.

한 번은 아는 지인이 당시 세간의 화제를 불러모았던 책 《단(丹)》의 실제인물인 권태훈(1900~1994) 옹을 선수들 정신교육에 모셔보면 도움이 될 것이라고 하여 이 분을 즉시 만났다. 이 어른 대뜸 하시는 말씀이, 어렸을 적 독립문 근처에 살았는데 아침에 일어나 운동 삼아 독립문을 훌쩍훌쩍 넘었더란다. 마라톤 얘기가 나오자, 거리는 얼마나 되며, 기록은 어느 정도냐고 해서 42.195km에 2시간 15분 정도라 했더니, "무슨 100리길을 두 시간씩이나 걸려? 한시간 반이면 족하지." 하신다. 물론 정신 수양을 쌓으면 말이다.

당장 강사로 초빙하여 대표선수들 정신교육을 실시했다. 사정이 다급하다 보니 이것저것 이성적인 판단이 서질 않았던 것이다. 지푸라기라도 잡는 심정이랄까. 그만큼 절박한 심정으로 온갖 정성을 쏟았다는 반증일 것이다.

후일담 한 가지. 86아시안게임을 20여 년이나 지난 2000년대 중반 어느날, 옛 한전 직원들을 만난 자리였다.

86년 당시 한전의 수행 비서였던 한 친구가 얼마 전에 춘천 조선일보마라톤대회에 나가 완주했다고 자랑을 늘어놓는 거였다. 50대인데도 체력이 대단하다고 칭찬해 줬더니 이 친구 하는 말, "86아시안게임 때 회장님 지시로 산삼을 선수들에게 전달하고 났더니 산삼 넣었던 가방에 산삼 실뿌리가 좀 남아 있기에 회장님께 보고 안하고 제가 다 먹어버렸습니다. 그 이후 체력이 좋아진 것 같습니다."고 하여 좌중을 웃긴 적이 있다.

실제로 어디에서 좋은 산삼을 캤다는 애기를 들으면 그걸 구해 선수들에게 먹일 정도로 온갖 정성을 쏟았다.

지성(至誠)이면 감천(感天)이라 했던가? 정성이 하늘에 닿았는지 86아시안게임에서 우리는 금메달을 일곱 개나 땄다. 반 억지로 할당받은 2개보다 5개를 더 딴 것이다. 임춘애의 3관왕(800m, 1500m, 3000m)에 장재근(200m), 김복주(800m), 김종윤(5000m), 김종일(멀리뛰기)까지. 나이가 많고 리더십이 있어 선수들 잘 감시하라고 대표팀 주장 역할로 뽑은 김복주(현 한국체대 교수)마저 금메달을 땄으니….

임춘애의 경우는 실로 드라마틱했다. 사실 임춘애는 아시안게임 대표 선발전에서 탈락해 국가대표가 되지 못했던 선수다. 하지만 선발전 이후 치른 전국체전 3000m에서 한국신기록을 세우며 좋은 성적을 기록하여 뒤늦게 국가대표에 합류시키게 된 것이다.

그런데 대회 얼마 전 임춘애를 지도하는 김번일 코치로부터 "춘애의 하루하루 800미터 기록 변화가 예사롭지 않다."는 얘기를 들었다. 뛸 때마다 놀라울 정도로 기록이 단축되어 2분 10초 대에서 8초 대, 마지막에는 6초 대까지 기록했다는 것이다. 아무리 그래도 경쟁자인 중국의 양류샤(Yang Liuxia)가 2분 4초 대니까 동메달, 잘 하면 은메달 정도까지 가능하지 않을까 내다보고 있었다. 거기에 운이라도 따라주면 혹시 금메달도 내심 기대하며 두 번째 금메달에 가장 근접한 후보로 점찍고는 있었다.

육상 2일차 여자 800미터 결승.

총소리가 나자마자 양류샤와 임춘애가 선두에서 옥신각신하더니 마지막 코너에서 춘애가 양류샤를 제쳤다. '아, 됐다' 하며 잠시 흥분하는 사이 20미터를 앞두고 인도의 구리신갈 선수가 뛰쳐나오더니 먼저 테이프를 끊는 게 아닌가. 그 실망감이란….

'이제는 꼼짝없이 내가 뛰어야 하는구나' 낙심천만하며 본부석으로 돌아와 털썩 자리에 앉는 순간, 육상연맹 김창근 부회장(당시 배재고 교장)과 이규섭 사무국장이 헐레벌떡 뛰어왔다.

"회장님, 비디오를 확인해 보니 인도 선수가 라인을 침범한 것 같습니다."

즉시 시상식을 연기하고 모든 사람들이 볼 수 있도록 비디오를 스타디움의 대형화면에 띄우라고 지시했다. 라인 침범이 확실하였다. 그래서 인도 선수는 실격 처리되고 임춘애가 2분 05초 72의 기록으로 금메달을 획득하게 된 것이다. 몇 시간 사이에 천당에서 지옥으로, 다시 천당으로 롤러코스터를 탄 그런 기분이었다.

이렇게 육상에서 금메달 7개 외에도 은메달 5개, 동메달 13개 등 무려 25개의 메달을 획득하였다.

그러면 이렇게 상상조차 하지 못했던 좋은 결과를 거둘 수 있었던 이유는 무엇이었을까?

물론 온갖 정성을 다해 준비했고, 선수와 지도자들이 혼신의 힘을 다한 결과일 것이다. 그러나 가장 주효했던 것은 '동기부여책'이었을 것으로 생각한다. 나는 당시 금메달 포상금으로 5천만원을 걸었다. 정말 파격적인 포상금이었다. 그때 강남에 최고 좋은 아파트가 3천만원 정도 할 때다. 5천만원은 강남에 웬만한 아파트 두 채는 살 수 있는 거금이었다. 지금 가치로 환산해 보면 15억원은 훨씬 넘는 금액인 셈이다. 선수뿐 아니라 지도자들에게도 상당한 포상금을 걸었다. 그러니 선수들이나 지도자들이 죽을 힘을 쏟지 않을 수 없었던 것이다.

지금 우리 육상 수준이 육상 강국들과는 현저한 차이를 보이고 있다. 대구조직위나 육상연맹 등에서 많은 사람들이 2011 대회가 '남의 잔치'가 되지 않을까 걱정도 많고, 해결책을 강구하기 위해 전전긍긍하고 있다. 우리가 꼭 메달을 따야 하는 것만은 아니다. 결승 진출자만 몇 명 나와도 관중들과 시청자들의 관심을 충분히 불러일으킬 수 있다고 본다. 대구조직위를 필두로 문화체육관광부, 육상연맹, 후원기업 등이 잘 협의하여 획기적인 포상금 계획을 수립하면 의외의 성과가 나올 수 있다고 나는 믿는다. 그러니까 여러분, 기죽지 말고 열심히 준비하자.

나는 인생에서 중요한 것은 얼마나 어렵고 큰일을 맡아 잘 이루어내는가에 있다고 본다. 그런 의미에서 여러분은 행복한 사람들이다. 사실 2011대회 유치전에서 봤듯이 대회 유치를 위해 얼마나 피 튀는 경쟁이 있었는가. 지금까지 10여 차례 세계육상대회 유치 얘기가 나올 때마다 유치 의향을 타진한다고 거론되는 선진국 주요 도시가 약 100개는 족히 될 것이다. 이 도시들이 순차적으로 돌아가면서 대회를 유치한다면 200년이 걸린다는 계산이 나온다. 여러분은 200년에 한번 걸릴까 말까하는 행사를 치르는 역사의 주인공이 된 것이다. 여러분과 대구시가 또다시 언제 100억 세계 시청자들에게 감동을 줄 기회를 잡을 수 있겠는가? 2011 대회는 이런 의미에서 의미심장하고 여간 예사로운 일이 아닌 것이다.

여러분은 정말 행복한 사람들입니다!

감사합니다.

……

대회를 불과 10일 앞둔 2011년 8월 17일, 박 이사장은 조선일보 기고문을 통해 대구 스타디움을 찾을 관중들과 시청자들에게 다음과 같이 육상경기 관전법과 매너 등을 당부하는 것도 잊지 않았다.

[대구 세계육상 D-10]

"대구 관중이 최고의 관중"이라는 말 듣고 싶다

박정기·IAAF 집행이사/대구 세계육상조직위 명예위원장
조선일보, 2011.08.17.

열흘 뒤면 대구에서 세계육상선수권대회가 열린다. 얼마 전 평창동계올림픽 유치 성공으로 전 국민이 환호했다. 대구세계선수권도 여러 나라와의 경쟁을 뚫고 힘겹게 유치한 대회이다. 그런데 어째서 사람들의 관심이 적은가?

한국에선 육상경기가 워낙 인기가 없기 때문이다. 과연 육상경기란 정말 재미 없는 종목인가?

그렇지 않다. 유럽 사람들은 세계선수권을 보려고 암표까지 사면서 몰려든다. 우리는 육상경기를 기초 종목이라고 해서 아주 쉽다고 생각하는데 사실은 어지간한 전문 지식 없이는 그 진수(眞髓)를 이해하기가 어렵다.

달리기만 해도 단거리와 중거리가 전혀 다르다. 감상법도 서로 다른 관점에서 섬세하게 음미해야 한다. 가장 아름답다는 인체가 연출하는 절묘한 운동 곡선의 아름다움을 음미하면서 인간 능력의 한계를 시험하는 현장의 증인이 될 때 비로소 육상경기를 즐길 수 있는 경지에 오르는 것이다.

육상경기는 원래 고대 그리스에서 제의(祭儀)의 성격을 띤 신성한 행위에서 시작됐다. 고대 그리스의 올림픽도 육상경기를 위주로 치렀다. 육상의 품격과 목적을 짐작하고도 남는다. 육상경기장은 제의의 공간이요, 예술의 광장이다.

육상경기의 위대함은 세 가지로 요약할 수 있다. 수치로 결과를 평가하는 정확성, 심판이 임의로 판정하지 못하는 공평성, 표준화된 룰과 규격화된 과학성이다.

육상경기의 또 다른 묘미는 너무나 인간적이라는 데 있다. 결국은 자신과의 싸움이며 고독한 운동이다. 고독하기 때문에 생각한다. 기록을 생각하고, 인간을 생각하고, 우주를 생각한다.

세상에는 절대시간, 절대공간이라는 게 있다. 우주의 운행조차 멈춘 것 같은 오직 사람의 의식만이 존재하는 그런 시간과 공간을 절대시간, 절대공간이라고 한다면 세계 최고 고수(高手)들의 100m 출발선상이 바로 그렇지 않을까?

자메이카의 우사인 볼트는 2008 베이징올림픽 100m에서 9초69로 우승하더니 2009 베를린 세계선수권에선 9초58로 금메달을 걸어 세상을 놀라게 했다. 그가 대구 세계선수권에서 인간 한계를 다시 한번 뛰어넘을 것인지는 세계적인 관심거리다.

여기서 한 가지 우리 관중이 명심해야 할 일이 하나 있다.

"서울올림픽 100m 결선 출발선에 섰을 때 7만 관중이 얼마나 떠들어대는지 나는 참을 수가 없었다. 한국 관중은 내가 겪은 최악의 관중이었다."

1988 서울올림픽 100m 우승자인 칼 루이스(미국)가 자서전에 남긴 말이다. 유럽 관중은 선수들이 100m 출발을 하기 직전엔 대화는 커녕 기침도 억지로 참고 정숙을 지킨다. 대구는 유달리 애향심이 강한 고장이다. 서울올림픽으로부터 세월도 20년 넘게 흘렀다. 대구의 관중은 분명히 다를 것이라고 믿는다.

2011 세계육상 개막

이러한 준비 과정을 거쳐 대구세계육상경기대회는 8월 27일부터 9월 4일까지 9일간 202개국 1,945명(남 1,046, 여 899)의 선수가 선수 자신과 자국의 명예를 위해 열전을 펼쳤다. 비록 세계기록은 마지막 날 남자 400미터 릴레이(37초 04)에서 유일하게 수립되었고, 개최국의 경기 결과가 만족스럽지 못하는 등 기록측면에서는 다소 아쉬움이 남았지만, 준비, 운영, 관중, 시민의식 등 모든 측면에서 "역대 최고!"의 대회가 되기에 충분했다.

당초 걱정을 많이 했던 관중 수는 총 446,305명을 기록, 2009년 베를린 대회의 40만명을 넘어섰고, 관전 매너 또한 세계 언론에서 연일 호평을 받았다.

또 한 가지 언급할 일은 날씨였다. 대구의 고온다습한 여름 날씨를 잘 알고 있는 세계 육상 관계자들은 박 이사상만 만나면 대구 날씨를 걱정하며, 나름의 대책이 있는지를 묻곤 하였다. 대구 출신인 박 이사장도 기상 여건에 큰 우려를 하였던 것도 사실이다.

그런데 이게 어찌된 일인가? 대회가 열린 9일 동안 평균기온이 예년보다 3~4도 떨어졌음은 물론, 그 흔하게 내리던 비도 단 한 번도 내리지 않았다. 비 예보가 있던 날도 정작 당일에는 거짓말처럼 비가 내리지 않았다. 천우신조(天佑神助)란 이럴 때 쓰는 말인가 보다.

해외 인사·언론의 극찬

대구 대회에 참석한 해외 인사들의 평가 또한 찬사 일색이었다.

IAAF의 수장 라민 디악 회장은 "최근 다섯 차례의 세계육상대회 중 대구가 가장 준비가 잘 되었다"고 극찬했다.

영국의 세바스찬 코 IAAF 부회장 겸 2012 런던올림픽 조직위원장도 곧 있을 런던올림픽을 염두에 둔 듯 "스타디움을 가득 채운 관중과 응원, 시민의 환대 등 대구가 세계육상선수권을 치르는 모습은 환상적이었다. 이 대구의 열기를 그대로 런던으로 가져가고 싶다"며 부러워했다.

1984년 LA올림픽 여자 400m 허들 금메달리스트이며 IAAF 집행이사겸 IOC 위원인 나왈 엘 무타와켈 은 "한국의 경기력이 좋지 않아 섭섭하겠지만, 대회운영과 준비는 금메달감"이라면서 칭찬을 아끼지 않았다.

대구시에 세계육상대회를 권유했던 당사자인 자크 로게 IOC 위원장 역시 "지금까지 본 국제스포츠대회 중 최고였다"며 찬사 대열에 합류했다.

경기장, 선수촌 등 대회 시설에 대한 칭찬도 이어졌다.

페루의 이반 디보스 IOC 위원은 "대구대회의 성공은 서울이 아닌 지방에서 열린 대회라 그 의미가 더욱 크고, 특히 몬도트랙부터 디지털 계측장비까지 대구 스타디움은 탁월했다"고 밝혔다.

대회 직전에 실시한 IAAF 선거에서 부회장에 당선된 밥 허시 역시 "각국의 선수와 임원들이 선수촌 시설에 감탄했다"고 했다.

외신기자들 또한 대부분 이에 동감하는 분위기였다.

1995 예테보리 세계육상선수권대회 이후 모든 세계육상선수권을 경험한 체코 국영TV의 미켈 두시크 기자는 "다른 대회보다 경기운영이 부드러웠다"고 평가했으며, 2003 파리 세계육상선수권대회 이후 5회 연속 세계육상선수권대회를 취재해 온 AP통신의 에릭 누네스 기자는 "내가 경험한 가장 아름다운 스타디움"이라고 했다.

중국 신화통신의 양밍 기자는 "한국이 세계 정보기술(IT)의 중심이라는 것을 느낄 수 있을 만큼 인터넷 시설이 완벽했다"고 평하기도 했다.

특히 대구 시민들의 친절과 시민의식을 높이 평가하였다.

카타르 트리뷴의 트리파티 기자는 "셔틀버스가 없는 새벽에 택시를 기다리고 있었는데, 한 시민이 직접 숙소까지 데려다줬다. 이런 친절한 시민은 세계 어디에도 없을 것"이라며 놀라워했다.

아래 표는 동아일보에서 실시한 외신기자 10명을 대상으로 한 설문조사 결과인데, 평균 B 이상으로 대구대회가 성공적인 대회였음을 증명해준다.

〈외신기자 10명이 본 대구육상〉

	AP	체코 국영TV	그리스 국영TV	아사히 신문	신화사 통신	SET 케냐	유로 스포츠	벨기에 아틀레타 클레벤	카타르 트리뷴	폴란드 통신	평균점수 (10점 만점)	평균별점 (별 5개 만점)
대회 운영	8	7	6	5	8	6	6	8	10	10	7.4	★★★⯨
경기장 시설	7	8	10	8	10	9	9	10	9	2	8.2	★★★★
숙박	6	8	10	3	5	9	7	4	8	8	6.8	★★★⯨
음식	5	10	10	10	5	6	5	4	5	10	7.0	★★★⯨
교통	6	6	7	9	7	4	4	3	7	4	5.7	★★★
통신	10	10	10	10	10	10	10	9	10	10	9.9	★★★★★
시민 의식	10	10	10	10	10	10	10	10	10	10	10	★★★★★

*자료: 동아일보(2011 .9. 5)

한편, 대회 직전인 8월 25일 대구 엑스코(EXCO)에서 열린 IAAF 총회 집행이사 선거에서 박 이사장은 116표를 얻어 5위로 집행이사 6선에 성공한다.

다음은 당시 선거결과를 다룬 동아일보 기사 전문이다.

[대구육상] 박정기 IAAF 집행위원 6선

이영선 씨는 여성위원 뽑혀

동아일보, 2011-08-26

박정기 국제육상경기연맹(IAAF) 집행위원(76·사진)이 6선에 성공했다. 박 위원은 25일 대구 엑스코에서 열린 IAAF 총회 집행위원 선거에서 유효표 188표 가운데 116표를 얻어 당선됐다. 4년 임기의 집행위원은 라민 디악 회장 등 27명으로 구성된 집행위에 참석해 세계선수권대회 개최지를 결정하고 각종 규정, 규칙 등을 승인한다.

육군사관학교 출신으로 한국중공업과 한국전력공사 사장을 지낸 박 위원은 1985년 대한육상경기연맹 회장을 맡으며 육상과 인연을 맺었다. 1987년에는 아시아육상경기연맹 부회장에 선출됐고 1991년 IAAF 집행위원에 당선됐다. 2007년 케냐 몸바사에서 열린 집행이사회에선 대구가 개최지로 결정되는 데 큰 역할을 했다.

이영선 육상경기연맹 이사(37)는 여성위원회 위원으로 선출됐다. 8명을 뽑는 여성위원 선거에서 이 이사는 4번째로 많은 지지를 받았다. 국내 육상 선수 출신 가운데 IAAF 집행부에 선출된 것은 그가 처음이다. 대구세계육상신수권 본보 해설위원이기도 한 이 이사는 1991년 충남체고 시절 4차례나 한국기록을 세웠고 1998년 방콕, 2002년 부산 아시아경기에서 잇달아 우승하며 '아시아의 투창 여왕'으로 불렸다.

대구=이승건 기자 why@donga.com

세계육상도시, 대구

아무튼 최초로 육상 비인기국가에서 열린 2011 대구세계육상선수권대회는 많은 사람들의 걱정 어린 시선을 비웃기라도 하듯 성공적으로 대단원의 막을 내렸다. 그런 대구에게 IAAF는 큰 선물을 하나 준다.

IAAF는 대구시가 거둔 세계가 깜짝 놀랄 만한 성공에 대해 "전 세계 육상 관계자는 대구가 이번 대회에서 세운 '수준 높은 기준'을 최고로 평가하며 영원히 기억할 것"이라는 서신을 보내왔고, 2011년 11월 11일, 모나코에서 열린 세계육상 축제(World Athletics Gala 2011)에 김범일 시장과 문동후 부위원장을 초청했다.

이 자리에서 IAAF는 대구시에게 '국제육상도시(World Athletics City) 트로피'를 수여했다. 국제육상도시 트로피는 세계 육상 발전에 크게 기여한 도시를 IAAF 집행이사회의 의결을 걸쳐 지정하는 것으로, 1993년 제4회 대회를 치른 독일의 스투트가르트에 이어 18년만에 두 번 째로 대구가 지정된 것이다.

대구시는 이로써 '육상도시 대구' 마케팅을 통해 스포츠뿐만 아니라 글로벌 도시로 자리매김하게 되었고, 아울러 세계 속의 대구로 더욱 발전하게 될 것이라 확신한다.

박 이사장은 IAAF 축제(Gala) 전 날인 11월 10일 열린 IAAF 집행이사회의에서 2011 대구 세계육상선수권대회를 결산하는 보고서 〈대구의 오랜 모험(Odyssey of Daegu)〉를 발표함으로써, 그가 2004년부터 기획한 〈육상 비인기국가의 육상 진흥책〉에 대한 마무리를 대신하였다. 대구대회에 대한 종합평가 보고서로서도 손색이 없어 전문을 그대로 소개한다. (영이 원문은 [침고자료 5] p. 136 참조)

……

오디세이 오브 대구
(Odyssey of Daegu)

박정기 집행이사
2011 대구조직위 명예위원장

1. 진인사대천명

우리 동양엔 '진인사대천명(盡人事待天命)'이란 말이 있다. 큰일을 앞두고 "사람이 할 수 있는 일엔 최선을 다하되 결과는 하늘의 결정에 맡긴다."는 뜻이다. 따라서 이번 대회의 준비도 우리가 동원할 수 있는 모든 수단과 상상력을 총동원하여 최선에 최선을 다하되 결과는 하늘에 맡긴다는 것이었다.

유난히 더운 대구의 날씨, 변덕스런 소나기, 예측할 수 없는 관중의 호응도 등 우리의 염원이나 최선의 노력에 관계없이 우리를 곤경에 빠트릴 일들이 허다하기 때문이다.

8월 26일 대회 전야제와 다음날 개회식 때도 비가 온다는 예보까지 있었다. 그러나 끝내 비는 오지 않았고, 두 행사도 모두 무사히 마쳤다. 한국에서 가장 덥다는 대구 날씨도 대회기간 중 평균온도 이하로 내려갔고, 오히려 저녁경기에는 가벼운 스웨터를 입어야 할 정도였다. 서양에서는 "스스로 돕는 자를 하늘은 돕는다."고 하였는데, 대구가 바로 그런 경우일 것이다.

2. 문화 행사

대구는 유치 때부터 최고의 세계육상대회를 보여 주겠다고 동료 여러분에게 약속하였다. 따라서 육상 비인기지역인 한국에, 더

구나 서울도 아닌 지방도시인 대구를 선정해 준 동료 여러분의 특별한 배려와 신뢰에 보답하기 위해서도 이 약속은 꼭 지키자고 우리는 결의하였다.

그러나 우리의 고민은 컸다. 그동안 12번의 세계육상대회를 치른 세계 유명도시들에 비하면 대구의 육상 전통은 너무도 보잘것없는 것이었기 때문이다. 따라서 약속한 최고의 세계육상대회를 실현해야 한다는 의무감은 우리를 끝까지 긴장시켰던 것이다.

그러면 어떻게 최고의 세계육상대회를 실현할 것인가?

그 답은 과거 다른 세계육상대회와의 차별화에 있다고 생각하였다. 즉 최고의 인프라, 남보다 뛰어난 아이디어와 대회운영, 그리고 다른 도시가 일찍이 시도해 보지 않은 일들을 경기와 결합하여 세계육상대회를 새로운 형식의 축제로 만들어 해보자는 것이었다.

다행히 대구는 초특급 스타디움과, 선수, 임원, 미디어 요원들을 위한 새로운 선수촌, 뒷마당과 다름없는 지근거리의 선수촌 훈련장 등을 합리적인 경비로 완성할 수 있었다. 이것은 다른 어떤 세계육상대회도 갖추지 못한 초 호화시설이었다.

또, 세련된 경기운영, 자원봉사자들의 헌신적 봉사, VIP에 대한 예우, 동반가족들을 위한 관광과 쇼핑, 문화체험 등에서 대구대회는 유례없는 성공사례가 되었다.

차별화를 위한 대구의 또 하나의 역점은 전통문화와 현대예술을 대거 도입하여 세계육상대회를 새로운 형태의 축제로 바꾸었다. 일부의 반대를 무릅쓰고 전야제와 개회식을 굳이 고집했던 것도 세계육상대회가 단순한 스포츠경기가 아니라 종합적인 문화예술 행사가 되도록 하기 위한 것이었고, 스타디움에서는 관중들을 행사연출 기법으로 유도하여 고대 올림픽과 같은 축제로 세계육상대회를 재해석해 보자는 것이었다.

따라서 전야제에선 세계적으로 명성을 떨치고 있는 K-Pop을 동원하였고, 다음날 개회식은 전통문화를 중심으로 현대와 고전을 접합하였다. 개회식은 '모음', '다듬', '깨움', '돋음', '띄움'이라는 5개 주제로 구성하여 육상과 한국문화를 조화시켜 우리의 미래를 제시한다는 내용으로 연출하였다.

대구시는 도심을 대회기간 중 아예 '문화공원'으로 바꾸어 전통예술, 춤, 노래, 판토마임 등을 공연하여 젊은 층과 관광객들을 환호하게 하였다. 이것은 기존의 수목공원이 휴식공간을 위한 것이라면, 문화공원은 도심을 여흥과 공연을 위한 오락공간으로 만들기 위한 것이다.

대구의 각종 공연장과 인근 도시에서는 경기기간 중 전통음악, 현대교향악, 오페라, 의상 쇼 등 총 150여 편의 프로그램을 공연하였다.

선수촌에서도 생일축하, 전통혼례, 사물놀이, 서예, 도자기 습작 등의 문화체험을 통해 한국과 한국의 전통문화를 선수들이 이해할 수 있게 하였다. 또한 대구의 자매도시인 일본의 오사카, 고베, 중국의 칭따오에서도 공연단이 참석하여 국제적 예술 페스티벌이 되었다.

대회 기간 중 Sustainable Development 활동을 위한 친환경운동으로 전기자동차와 자전거를 가능한 한 대량 투입하여 탄소 배출량을 최대로 억제하고, 특히 UNESCO의 그린 프로젝트 산하기구인 UNCCD 권병현 대사와 〈New York Times〉 Syndicate Cartoonist의 협찬으로 Green 전시회가 성황을 이루었다.

3. 관중문제

그런데 최대 난제는 관중문제였다. 지금까지 열거한 모든 요건들이 대회 성공에 결정적 역할을 하는 것은 사실이지만 어디까지나 필요조건들일 뿐, 충분조건은 아닌 것이다. 충분조건이 되자면 대회기간 중 경기장 관중석이 매일 80% 이상은 차야 하는 것이다.

사실 관중문제는 IAAF가 유치 때부터 문제를 삼을 정도로 대구는 대표적인 육상 비인기지역이었다. 육상에 대한 관중의 이해부족과 이에 따르는 육상의 인기 저하는 우리로서도 어쩔 수 없는 문제였고, 특히 세계적 스타선수가 없는 우리 입장에서 육상이 일반대중의 호응을 얻는다는 것은 불가능한 일이었다. 따라서 관중문제는 우리에겐 대회 성공의 최대 과제가 되었다.

대구의 행정력으로 9일 동안 매일 67,000석의 대구 스타디움을 채우는 것은 사실상 문제가 아니었다. 그러나 동원된 관중은 "꿔다놓은 보리자루"일 뿐이다. 인형과 같은 관중을 가지고는 스타디움을 환호와 감동이 넘쳐나는 축제의 무대로 만들 수가 없는 것이다.

따라서 육상에 대한 일반관중의 이해가 무엇보다 시급한 과제였다. 이를 위하여 2010년엔 육상 해설서 《스포츠의 여왕 육상경기, 그 영웅들의 이야기(Beyond the Limit of Human Ability)》를 발간하여 일반대중을 대상으로 대대적인 홍보활동을 전개하였다. 특히 대회 한 달 전부터는 전국의 TV, 주요 일간지들이 이 책을 교재로 하여 육상의 묘미, 감상법, 관전 매너 등을 매일 홍보하였다. 이에 따라 일반대중들의 육상경기에 대한 이해와 관심도가 짧은 기간에 향상되었다.

육상경기는 조물주의 가장 아름다운 피조물인 인체가 인간의 능력에 도전하며 연출하는 예술이라는 것, 육상 스타디움은 수만 명의 관중이 선수들과 호흡을 같이하며 고대 희랍의 올림픽을 재현하는 축제의 무대라는 것, 따라서 검투사가 맹수와 싸웠던 고대로마의 원형경기장과는 격이 다르다는 것을 대구 시민들은 이해하기 시작하였다.

입장권 판매는 처음부터 순조로웠다. 기업, 사회단체, 학교 등을 대상으로 단체 판매를 하였기 때문이다. 대회 7개월 전인 1월 말에 37.2%의 판매율을 보이더니, 급기야 1개월 전인 7월 말에 이미 80.4%의 입장권이 팔렸다. 결과적으로 티켓 판매 실적은 역대 대회 중 최고의 판매기록을 수립하였다.

그러나 우리는 불안하였다. 홍보를 통해 일반 대중이 육상을 이해하고 즐길 정도가 되었다고는 하지만, 과연 얼마나 많은 사람들이 경기장을 찾아 줄 것인가? 더구나 우리선수들이 예선에서 줄줄이 떨어지는 상황이 계속되었을 때도 과연 관중들의 호응은 계속될 것인가?

티켓이 매진 되었다고는 하지만 대부분이 단체로 구매한 것들이라 개인의 호응도는 판단할 수가 없었다. 따라서 조직위는 경기 바로 전날 까지도 불안에 떨지 않을 수 없었다.

우리는 몸바사 이후, 지난 4년 동안 대회성공을 위해 가용한 수단과 모든 상상력을 다 동원하여 최선에 최선을 다했다. 동양에서는 하늘까지도 감동하게 하는 최선의 노력을 지성이라고 하는데, 그야말로 우리는 지성을 다하였다고 생각한다.

그러나 우리의 지성으로도 어쩔 수 없는 날씨와 관중문제는 우리를 끝까지 당혹하게 하였다. 특히 그렇게도 공을 들인 전야제와 개회식 날, 비올 확률이 60%라는 예보에 우리는 참담한 좌절감을 느꼈다. 그러나 옛 가르침대로 진인사에 대천명(盡人事 待天命)하기로 마음을 가다듬었다.

8월 26일 전야제 날이다. 구름이 하늘을 덮었다. 그러나 공연장에는 사람들이 구름같이 모여 들었다. 비 또한 끝내 오지 않았고 공연은 대성공이었다. 불안한 날씨를 무릅쓰고 시민들이 호응해

준 것이다.

8월 27일 개회식 날에는 관중이 스타디움을 꽉 메웠고 비도 오지 않았다. 하늘은 스스로 돕는 자를 돕는다 하지 않았던가?

IAAF가 우려했던, 우리 대구가 대회 마지막까지도 가슴 조였던 관중문제는 매일 만석을 이루어 역대 세계육상대회 중 최다 관객을 동원하는 기록을 세웠다. 솔직히 우리들 자신도 경기장이 만석을 넘어 통로와 계단까지 매운 현실 상황을 의아하게 생각하였다. 도대체 어떤 힘이 시민들을 저렇게 열광케 하고, 자기발로 경기장을 찾아오게 하는 것일까?

나중에 밝혀진 일이지만 처음 하루 이틀은 시민들의 애향심의 발로였다. 시장과 조직위의 대회 참석 권유가 너무도 진지하여 향토를 위해서도 처음 2, 3일 동안은 시민된 의무감에서 경기장을 찾았다. 그러나 사흘째부터는 육상경기의 아름다움에 매료되어서, 나흘째부터는 경기장의 축제 분위기에 휩쓸려서 자기도 모르게 경기장으로 발길을 옮겼던 것이다. 시민들이 홍보를 통해 육상경기의 묘미와 축제의 의미를 이해하기 시작하였기 때문이다.

연인원 45만, 과거 최고 기록인 베를린의 39만을 상회하는 관중이었다.

4. 교훈

대구대회를 통해 우리는 몇 가지 교훈을 얻을 수 있었다.

첫째, 육상 비인기지역에서도 세계육상대회는 성공할 수 있다.

둘째, 자국의 우수한 선수가 없어도 관중은 모인다.

셋째, 하드웨어(Infra)도 중요하지만 소프트웨어(Idea와 세계육상대회에 대한 새로운 구성과 운영)에 대회 성패는 달렸다.

넷째, 적절한 계몽 책자와 홍보, 경기장 행사 연출(Event Presentation)을 효과적으로 활용하면 세련된 육상관중의 확보는 단시간에도 가능하다,

다섯째, 진인사대천명이다.

5. 결어

대구 세계육상대회의 교훈을 통해서도 알 수 있듯이 세계육상대회는 항상 육상인기지역에서만 성공하는 것은 아니다. 즉, 대회를 조직하고 운영하는 기술과 방법에 따라서 육상의 세계화도 가능하다는 교훈을 대구는 보여 주었다. 따라서 평소 내가 주장했던 비인기 지역에서의 육상 활성화에 대한 심도있는 연구는 장차 우리 육상의 세계화를 위해서 필요하다.

진정한 신뢰와 우정은 기적을 낳는다. 5년 전 몸바사에서 여러분은 경쟁 도시 중 가장 조건이 떨어졌던 대구를 선정해 주었다. 그것은 대구를 그만큼 믿었기 때문일 것이다.

이 자리를 빌어 대구가 성공할수 있는 기회를 베풀어 준 친구 여러분의 신뢰와 우정에 다시 한번 감사한다.

……

2011년 연말 IAAF 회장 및 집행이사 동료들에게 감사한 마음을 담은 연하장을 보냄으로써 그의 '오랜 모험'의 최종 마무리를 지었다.

December, 2011

Dear colleague,

The year 2011 draws near to a close. This year has been a special and meaningful year for me and the Korean athletics community. The

World Athletics Championships held this past August at Daegu, my hometown, was very successful, and the City of Daegu was nominated by IAAF as "The World Athletics City" at the 2011 Gala in Monaco.

It was astounding news for the citizens of Daegu as Stuttgart was the only city that enjoyed the same honor during the one hundred years of IAAF history. I am very proud of being a part of it.

Let the New Year be filled with the things that are truly good with the comfort and warmth of our friendships and family. May the New Year bring you happiness in your accomplishments.

Sincerely yours,

Rocky

한국육상진흥회는 대구세계육상대회의 성공을 바탕으로 한국육상의 발전을 위한 계획을 수립하였다. 단지 대구대회의 성공으로 끝나는 것이 아니라, 이를 계기로 한국육상이 한 단계 업그레이드 되기를 바라는 염원을 담았다. (p. 141 〔참고자료 6〕 참조)

Ⅲ. 재단법인 한국육상진흥회

1. 설립목적과 현황

박정기 이사장이 지난 20여년 동안 대한육상경기연맹 회장, 국제육상연맹(IAAF) 집행이사를 수행해 오는 과정에서 없어서는 안 될 중요한 조직이 바로 재단법인 한국육상진흥회이다. 한국육상진흥회가 없었다면 박 이사장의 국제 육상 활동은 많은 제약을 받았을 것이며, 대구 대회 유치도 사실상 불가능했을지도 모른다.

한국의 육상 저변 확대를 위해 박 이사장은 1985년 사회단체로 시작하여 기업인 등 독지가 117명의 출연금을 바탕으로 기금을 마련하기 시작하여, 1988년 24억원의 자본금으로 비영리법인인 재단법인 한국육상진흥회를 설립하였다.

한국육상진흥회는 육상경기력 향상을 위한 지원 사업, 우수 육상선수에 대한 장학금 및 훈련보조비 지원, 육상 붐 조성을 위한 육상 경기시설 조성 및 운영지원, 육상진흥기금 조성 사업, 육상에 대한 범국민적 관심 제고를 위한 홍보사업, 기타 법인의 목적 달성에 필요한 사업 등의 고유 목적사업을 위해 지원하였다.

1989년부터 1998년까지 약 30억원을 육상연맹에 지원하였고, 1999년부터 2001년까지 매년 2~3억여원, 2002년부터 현재까지 1억5천~2억여원을 지원하였다.

엘리트 선수 육성을 담당하는 육상경기연맹과의 업무영역을 고려하여 육상진흥회는 꿈나무 육성을 위주로 육성학교, 전략종목을 선정하여 장기 지원하고, 육상에 대한 기초자료 정리, 기술서적 발간, 연구 활동의 지원을 통하여 장기적인 육상 발전을 도모하고 스포츠 외교 활동을 지원하는 데 치중해 오고 있다.

육상진흥회는1988년 재단 설립 이래 총 100억 원 이상을 육상저변 확대를 위해 지원하였으며, 문화체육관광부의 관리 감독하에 서울시와 영등포구청 문화체육과가 공익법인설립 운영에 관한 법률에 의해 수시 감사하고 사업 내용을 매년 확인하는 등 투명하게 관리되고 있다.

이사회는 재단기금 출연 기업, 육상계, 언론계, 학자 등 각계의 존경을 받는 15인으로 구성되어 있으며, 사무실은 여의도에 두고 있다.

한국 육상진흥회가 그동안 추진해 온 사업들을 요약해 본다.

2. 주요 추진사업

(1) 장기 육상발전지원

가. 여고 중 · 장거리육성학교 지원: 지방학교 중 중장거리 육상부를 운영하는 최우수학교 선정 (1년 단위)

- 1998년부터 2012년까지 매년 3~5개교를 선정하여 총 2억7천만원 지원
- 2019년 덕계중, 배문고, 오류고 훈련비 지원
- 2021년 오성중, 용남고 훈련비 지원

나. 각급 학교 육상부 및 꿈나무 선수지원

- 15개교 중, 고 100만원/년, 30명/년 선정 지원 (1992~1997)
- 2012년부터 단거리 유망주 김민지 선수 장학금 지원
- 2011년 대학 육상유망주(성균관대) 미 전지훈련 지원
- 2017년 최희신(부원여중) 장학금 지원
- 2019년 서민준(울산스포츠과학중), 배민준 (배문고) 장학금 지원
- 2021년 송채은(울산스포츠과학고), 양예빈(전남체고), 박도현 (문태고), 바웨사(원곡고) 장학금 지원

다. 북경 RDC 교육 참가 지원 : 육상연맹이 선정한 지도자 및 선수

- 최초 에릭 리이델 재단 훈련 참가(1992~'96)
  * 각국의 주니어 육상선수가 함께 숙식: 국제 경험
  * 인원 5~7명(선수4. 코치)
- IAAF 주관 북경 하계 RDC 훈련캠프에 선수, 지도자 파견 지원
  * 1997년 ~ 2007년
  * 코치 1명, 선수 4~5명 참가

라. 경보경기 활성화 지원: 경보장기육성계획수립 (2000. 11)

(a) 1단계(2000~2002) 특정지역 선정 실험육성 (KAF 전담. 경기도)

- 국내세미나(2001.2.20. 수원공설운동장. 참석 46명)
- 중국 지도자(장후신) 초청 세미나(2001.4.19-20, 32명 참석)
- 중국 경보대회 경보지도자 파견
  상해 국제대회 5명 (2001. 6. 3)
  조양시 중국경보대회 5명 (2002. 5. 26~28)

(b) 2단계(2002~2005) 저변 구축 (대한 육련)

- 제1회 전국경보대회 개최 : 일산호수공원(2004.7.7, 500만원 지원)

(c) 3단계(2005~2010) 대한육상연맹이 훈련 전담(2006년 500만 원 지원)

마. 육상발전공로자 지원

(a) 정봉수(1999년1월 25일)

- 청람상 수여 (은트로피 600g) 및 포상금

(b) 함기용

- 보스톤 마라톤 대회 재패 50주년 기념메달(2000. 4)
- 동상건립 기금 지원(2004. 11)

(c) 포상금 수여

- 이봉주 (1996년)
- 이진택 (1998년)
- 김복주 교수 (1998년)

바. 학술 활동

(a) 일본육상연맹 사사키 전무 초청 지도자 강습회

- 일자 : 1998.11.30~12.1(2일간) : 올림픽 파크텔
- 내용 : 중장거리의 스피드 훈련
  21세기 일본육상경기의 강화책
- 참석인원 : 50명

(b) 국제학술대회

- 주제 : 21세기 여성 스포츠의 발전방향
- 일자 : 2003. 5 . 2 (올림픽 파크텔)
- 참석인원: 72명
- 내용

구분	내용	발제자	토론자
기조 연설	New Direction for Women Sport in the 21Century	Amadeo Francis IAAF 부회장	
제1주제	여성스포츠와 페미니즘	조성식 체육과학연구원 선임연구원	정동구 (한체대) 조순경 (이화여대) 이인숙 (이화여대)
제2주제	여성스포츠의 발전을 위한 제언	김경숙 이화여대 교수	남상남 (한양대) 조미혜 (인하대) 하웅용 (한국체대)
제3주제	여성스포츠의 국제적 역활과 현황	Ilse Bechthold IAAF 여성분과위원장	김수잔 (한체대) 남상남 (한양대) 김경숙 (한체대)

- 사회/통역 : 김수잔, 하웅용 교수

(c) 초청강연

- 주제: 유럽의 육상발전과 한국육상의 발전방향
- 일시/장소: 2006. 11. 27 / 롯데호텔
- 강사: Hansjörg Wirz (유럽육연 회장, IAAF 집행이사)
- 참석인원: 육상관계자, 언론계 등 100명

(d) 대학육상경기연맹 세미나 지원(2006~2010)

(e) 주요 연구 논문/저서

- 육상경기의 활성화 방안 (박정기, 정동구. 2004)
- 노구치의 아테네 금메달 (박정기. 2004)
- 아테네 올림픽 성적과 스포츠 외교(정동구. 2004)
- 도전 받는 올림픽 이상과 대책(박정기. 2002)
  (모스크바 체육대학 창립85주년 기념 학술대회 기조연설)
- 시드니올림픽 일본여자마라톤 승인 분석 (박정기. 2000)
- 비인기 지역의 육상발전방향 (2006)
- 저압, 저산소 훈련이 육상선수에 미치는 영향 (윤우상, 2009)

- 페어플레이 소고 (2009) 외 다수
- 스포츠의 여왕 육상경기, 그 영웅들의 이야기 (박정기, 2010)
- Beyond Limit the Human Ability (박정기, 2011)

(2) 육상대회 후원 및 참관

가. 육상대회 후원
- 황영조 세계재패 기념 실업단 하프마라톤 대회(1998~2000년) (실업연맹, 스포츠조선 1,000~2,000만원 지원).
- 대통령기 통일역전 : 1,000만원 매년 지원(1997~2002년)
- 목포 국제육상 투척대회 지원 2009~2021년)
- 전국 교육대학 대항 육상대회 후원 (2013~2021년)

나. 행사 지원
- 이길용 기자 일장기 말살 관련 한국스포츠 100년사 제작 지원 (1999년)
- 기타

다. 진흥회 임원 국내외 대회 참관 및 자료수집

(3) 국제 스포츠외교 활동

- 박정기 이사장 국제육상연맹 집행이사 6선 (1991-2015)
- 2011 대구세계육상대회 유치 및 성공개최 기여 (명예조직위원장)
- 국제육상재단 (IAF) 집행위원 (2002-2017)
- 국제대회 참관 지원 : 임원 및 육상기자, 육상인
- 2024 대구 세계마스터즈육상대회(WMA) 유치활동 지원

(4) 도서출판 및 자료정리

가. 체육정책 및 지도서

① 육상꿈나무 지도방법 (Dr. Heinz Kadow. 1992년)

② 육상선수 지도서 (Dr. Heinz Kadow. 1993년)

③ 더 빨리 더 멀리 더 높이(서기원, 양재성. 1994년)

④ 육상의 발자취(조동표, 고두현. 1998년)

⑤ 마라톤 이야기(서기원, 양재성.1999년)

⑥ 경보경기(일본 자료를 기초로. 김영근. 2001년)

⑦ 육상경기지 16권(1993봄~1997봄. 통권 29~44호)

나. 번역서적

① 실전육상경기(필드) (일본육연 발행. 1994년)

② 실전육상경기(트랙) (일본육연 발행. 1995년)

③ 중 · 장거리의 스피드 (IAAF기술서 / 번역 구본칠. 1998년)

④ 미래의 육상경기 (Alphonse Juilland저/번역 구본칠. 1998년)

⑤ 여자 장대높이뛰기 (IAAF기술서/ 번역 정영수. 2000년)

⑥ 투척종목을 중심으로 (IAAF기술서/ 번역 정영수 2000년)

⑦ 회전식 포환던지기를 중심으로(IAAF 기술서/ 번역 정영수 2001년)

다. IAAF VIDEO TAPE 번역 복사 제작 배포

① Speed Dynamics 3권

② Sprint Training 2권

③ Race Walking 1권

〔참고자료〕

【자료 1】
A Suggestion for the 'Athletics' World Plan'

【자료 2】
A Proposal for the Future Athletics

【자료 3】
Let's Make a Documentary Film or a Movie

【자료 4】
Promotion Plan for Countries where Athletics are Unpopular: A Case Study on Korea

【자료 5】
The Odyssey of Daegu

【자료 6】
한국육상발전계획

【자료 1】

A Suggestion for the 'Athletics' World Plan'

Jung-Ki Park
Council Member

So far, Athletics' World Plan has achieved a great deal providing ideas and guidelines for the future of athletics. I would like to take this opportunity to thank all the leaders who led the working groups.

Today, I want to present my views on two areas of our concerns; the media, and financial security.

1. The Media

I should simply like to remind us of the significant role the media can play in the World of Sports. We need to build a way to bring in the media coverage that is friendly, dedicated, and custom-tailored to promote our track-and-field events.

Let us compare soccer with 100-meter dash or marathon. To me, soccer is a boring 90-minute game, except the brief moments when a player scores the goal. Our 100-meter dash, on the other hand, is a full 9-second-plus thrill with the mind-rushing, heart-pumping, and palms-sweating climatic experience. Marathon is an experience of two-hour-plus realization of discipline, perseverance, and strategy. And yet, everybody knows the Ronaldos, Zidanes, Beckhams, while our own Gebrselassies, el Guerroujs, Michael Johnsons are not.

Why not? The answer is simple. The soccer promoters have the media moguls in their pockets, while we seldom make the media cover our track-and-field events.

I have another illustration of the powerful media involvement. The South Korean women's handball team was second only to the Danish team in Athens 2004. This team was truly remarkable, even amazing, because its players, bluntly put, are nobodies. They are those selected from 64 women who claimed to have played handball. And most of these were middle-aged housewives. Yet, this South Korean team fought the Gold Medal Champion of Denmark of 1996 and 2000 Olympic to the last moment of the penalty shoot out in the extended game.

This team of middle-aged, married women attracted the Korean media attention. They are now national heroines and stars thanks to the media coverage of their human stories and episodes. Several new handball teams have already been formed among the schools over the country.

Let the media learn to relay to all peoples the wonderful and unique sense of satisfaction possible through watching our athletes perform. Media will, then and on their own, make our most deserving track-and-field athletes heroes and heroines to shine in the record of history.

2. Financial Security

Basically, the financial security relies on the number of the spectators who attend the athletics competitions.

As the table below shows, large spectators attract the media and sponsors, and their active support will make expanded sports markets. As a result, the financial security will be guaranteed.

Therefore, the key point is how we could fill more then 50,000 seats in the stadium every time. What, then, could make that many people come to the stadium?

People will come to where there are funs and rewards. We have to make our events "interesting and exciting" so that people could take home "a sense of satisfaction" with them each time.

For this, I propose the following;

1. Broadcast to the spectators in the stadium anecdotes, episodes, or other points of interest about the athletes as much as time permitting and not bound by strict rules.

2. Allow of field event or two for the spectators to participate, i.e., a tug-of-war as in ancient Olympics.

3. Play music to heighten the sense of expectation prior to popular events like 100M and 200M (Traditional music play at Athens in 2004 was superb.)

4. Make medal presentation ceremony more grand in style (Daily change of ladies' dresses at Athens in 2004 was excellent.)

5. Make use of the admission ticket as a lottery ticket later.

6. Consider making image brand products of our own athletes.

(December, 2004)

【자료 2】

A Proposal for the Future Athletics

Jung-Ki Park
Council Member

Introduction

I would like to propose the followings for the future of the athletics. Some of my proposals may not be accepted promptly. However, for the sake of a new perspective and as a forum for discussions, I would like to solicit your indulgence and ask you to take these into consideration. My proposals are based on the following three points;

First; make athletics as popular as soccer and the Olympic Games.

Second; review the tradition that the IAAF has achieved in the past.

Third; make the games spectator friendly.

Our Goal

Our goal for the future of athletics is first and foremost "Number One Sport of All." For this, the following objectives are established.

· Athletics is the ultimate embodiment of the spirit of sports.

· Athletics offers the maximum opportunities for people to participate.

· Athletics makes people happy.

Ultimate Embodiment of the Spirit of Sports

1. Fair Play

With advent of highly organized global society and new waves of entertainment in sports, the spirit of pure amateurism, which has long been upheld in athletics, is declining. This doesn't mean to bend the practices for sportsmanship. The importance of fair play and sportsmanship should be highlighted more than before.

In order to maintain spirit of fair play and sportsmanship, IAAF should maintain the current level of Anti-Doping Programme or exert more efforts to take the lead in the programme. To maintain the image of athletes as true sportsmen and gentlemen, the following ethical and moral approaches are needed;

· In selecting leaders of athletics, not only their expertise but also their morality should be taken into consideration.

· In the education programme of RDC and others, moral element should be included together with technical contents.

· The spirit of fair play and sportsmanship should be emphasized in athletic events and in various seminars.

2. Performance and Achievement Oriented

(1) Performance

Athletics is basically an individual sport. It is a lonely struggle, a personal struggle. To sum up, it is a challenge to a record.

Another element that attract people is the movement of the athletes, which is the symbol of elegance and dynamism. The thrill of watching 100-meter sprint and the powerful moment of jump is the acme of dynamics which can only be witnessed in athletics. The dynamic movement of our dear friend "Running Horse" Alberto in his 800-meter run was the symbol of power.

Again, the beauty of curving movement of a high jumper or a pole vaulter when they narrowly sail over the bar can only be found in the athletics.

In this regard, the spirit of challenge and beautiful and dynamic movement of the athletes deserve more attention from the media, particularly the T.V. and photo journalism. We need to develop ways and means to induce more media coverage of the athletic events.

(2) Achievement

After the battle of Marathon in 490 B.C., Philippides ran 42 kilometers, challenging his physical limit to inform the Athenians of the Greek victory, and died. It was a great challenge, a historical achievement.

There are over millions of marathon club members worldwide. Neither soccer nor basketball gives the lasting sense of achievement than marathon or other athletic events.

Maximum Opportunities for Many People to Participate

1. Attract People's Interests

Aside from the events for elite athletes, there is a need to create some events for the general public. During World Cup and Youth Championships, by adjusting schedules, some events could be developed so that spectators could participate in. By doing so, more people can participate in athletics, which, in turn, can make it a most popular sport.

People live longer than in the past. This is a worldwide trend. Athletics organizations should pay attention to this. People over certain age are not expected to play soccer or rugby football. But, they can and are willing to participate in certain athletic events.

In this respect, athletics should embrace the elite as well as the general public. Reviews and researches should be followed regarding the possible types, management and venues of the games for the general public.

2. Fun and Reward

Entertainment and art could be fused into athletic events. For example, photography and music can be utilized in the promotion of entertainment in athletics. During the athletic events, photo exhibitions or contests could be held, which is open to professional as well as amateur photographers. Besides, a music band could perform at the beginning or in the interim of each event. The spectators could join the band in the performance of folk songs of a hosting country. This could greatly enhance the atmosphere of the stadium beyond imagination.

Athletics Can Make People Happy

1. Interaction and Dialogue among Athletes and Spectators

Athletics is the simplest type of sports. Anybody can enjoy athletics without permit or certificate. It doesn't need special equipment, wear or gear. People can enjoy athletics in the fields, roads and parks. Even elderly people can enjoy athletics without prior experiences or special training.

It is worthwhile to conduct some research on using the existing athletic games, such as marathon and cross country, or developing some new games. These games are not for competition, but for participation of people, which allows interaction and dialogue while enjoying the game.

2. Laughter

Laughter brings happiness. No one feels miserable while he or she is laughing. For this reason, it is worthwhile to make the best use of laughter in athletic events.

Cartoons, mascots and humorous printed matters could be exhibited in the stadium, warm-up tracks, subsidiary buildings, quarters and other facilities to make people happy.

After the September 11 in the United States, South West Airliner was the only company among the Airliners that made a profit. In what way had this airliner made it while many airliners had moaned about hard times? Laughter was one of the answers. For example, the pilot concluded his announcement before taking off by saying, "For the smokers, we prepared special spaces. They are on the cool wing spans outside the airplane."

So far, the announcements in the stadium have been made in official tone. A touch of humour could be added to these. Since more than 50,000 spectators are watching it, the electric board in the stadium could be the most effective means for this purpose.

When the spectators laugh, cheer and sing in chorus with the musical band, then the stadium will be a venue for happiness.

……

IAAF's "Athletics' World Plan," which was launched in 2003, was a timely and historic achievement. I would like to take this opportunity to express my sincere appreciation and respect to President Diack and the members of the committees for their contribution and efforts.

(April, 2005)

【자료 3】

Let's Make a Documentary Film or a Movie

Jung-Ki Park
Council Member

Three years ago, we set sail on our virgin voyage: Destination - a new world where ours is the Number One Sport. Chart - Athletics' World Plan by the Action Teams. Captain - President Lamine Diack. Crew - IAAF Council, Committees, and Commissions. Outcome - unqualified success in the Phase I programs.

We are all so grateful for the leadership and vision provided, courageous and wise initiatives taken, arduous and dedicated work done by all members in the Athletics Family world-wide. With our hat in hand, we stand strong and hopeful. And we continue on our voyage.

There are six more years to the IAAF's Centenary in 2012. And we are looking at the Phase II projects. Could a combined team, made up out of the Recognition and Media Teams, consider producing a documentary film or a movie? Our sport can certainly be made a medium to reach out and touch the hearts and minds of the people. Athletics with audio effects and video images can be as powerful and beautiful as those we find in the most moving human dramas of friendship and love.

A couple of years ago, there was a movie called Marathon that drew six million Koreans to see it. This movie was not about *marathon* per se. Rather, it was a story about a 25-year old autistic with an IQ of 5-year old, who was made able to enter and finish full course. It was really about the love and struggle among the principals - mother, coach, and the runner himself. The audience was tearful of the human frailty and joyous with the human endurance at the same time. It was truly a soul-searching experience. Since this movie, the number of marathon clubs in Korea is climbing over 500 with combined memberships reaching half a million. There are 300mass marathon races scheduled this year.

Discovery Channel's documentary of Lance Armstrong in 2003 is another good example. In 2000, there were eight million cyclists in the United States. In 2004, a year after Armstrong's triumph was broadcast, 700,000 more Americans turned out to become the cycling enthusiasts. In Florida, the cyclist clubs saw 40% increase in memberships. The Pacific Company, the largest cycle manufacturer, sold three times as many cycles in t he last two years.

If soccer is a novel, athletics is a poem. Rather, athletics is the 'Absolute Sport'. Athletics challenges us to set new benchmarks and overcome the mental and physical limitations of the human body. This effort has been with us since the human race acquired the ability to walk upright. It has enabled mankind to thrive and has been the essential for the preservation of the human race. Thus, athletics dominates all other modern sports due to its primordial roots, and this is why I believe that athletics is the 'Absolute Sport'.

A documentary film or a movie can show the essence of human bodily movements, which make the human intellectual values possible. Such a new recognition and appreciation for the athletics will unite Europe, Africa, Asia, America, and Australia. A documentary or movie will act as a driving engine or a springboard for the 'Athletics' World Plan' pushed by the IAAF in the coming years.

(August, 2006)

[자료 4]

Promotion Plan for Countries where Athletics are Unpopular: A Case Study on Korea

Jung-Ki Park
Council Member

1. Summary

The primary objective of the IAAF's 10-year Athletics' World Plan is to make athletics the "Number One Sport" internationally. However, this plan will not be realized if the popularity of athletics remains limited to Europe and a few other regions. The main question is: How can the other regions, including Asia, maintain the popularity of athletics? For this reason, Korea serves as an interesting case study on how to promote athletics. In Korea, sports such as soccer, baseball, basketball and volleyball are very popular, whereas athletics is not.

2. Key Issues

In Korea, athletics is not very popular among the general population, therefore, it is very difficult to attract spectators and fill stadiums for major athletics events. This also leads to fewer star athletes and through this inability to attract people's attention; athletics in Korea has become trapped in what is known in economics as the 'vicious circle of poverty.'

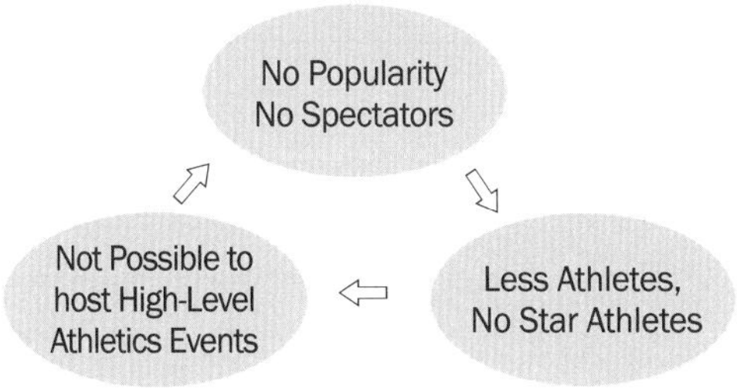

The key to solving this issue is to break this vicious cycle and create a plan which would develop athletics at a grass roots level. This would in turn increase the number of star athletes, raising the overall popularity of athletics and generating interest in major athletics competitions.

3. Underlying Problems

A. Physical education in school is declining.

〈Number of Athletics' Teams in Local Schools〉

Year	1990	1995	2006
Middle School	334	585	471
High School	349	196	162
University	-	58	56

B. Frequency of Athletics Articles in Daily Sports Newspapers.

〈Monthly Athletics Articles〉

	Baseball	Soccer	Basketball	Entertainment	Miscellaneous	Athletics
%	35	20	15	20	8	2

C. Of 100 Corporations surveyed in Korea, only eight companies have athletics teams.

D. Soccer is a sport where spectators pay attention to the movement of one ball, whereas athletics is a complex sport which manages 46 events of running, jumping and throwing.

E. The interest and excitement which spectators of athletics events feel is different from that of soccer. To truly enjoy the thrill of athletics, spectators need to develop a special appreciation for each individual event, understanding the origin the events and what they were designed to achieve.

F. Considering these characteristics of athletics in Korea, we found it difficult to break the "vicious cycle" without first developing a long term approach that aimed to foster the growth and popularity of athletics.

4. Solutions

A. By adopting a government-initiated economic development model, Korea has broken the vicious cycle of poverty and has become the 11th largest economy in the world in just thirty years. (National per capita income has increased from $1,000 in 1977 to $20,000 in 2007)

B. To promote athletics over a short period of time, the best method is to review the lessons learned from the government's model utilized for economic development. A strategic approach is needed to create demand (hosting high-level athletics events) with strong support from the leaders of political, economic and cultural organizations, and then supply through attracting athletes and spectators.

C. In the past five years, the leaders of the Korea Athletics Federation (KAF) have persuaded the leaders of the major cities and regions to create an athletics friendly environment, resulting in the hosting of the following athletics events:

- September 2003: The First Busan International Athletics Meeting
- September 2004: The Second Busan International Athletics Meeting
- August 2005: Incheon Asian Athletics Championships
- September 2005: The First Daegu Athletics Meeting
- September 2006: The Second Daegu Athletics Meeting

* The city of Daegu, which aims to be the center of athletics in Korea, established a five-year plan in 2004 for the development and promotion of athletics. The city has hosted its annual athletics meeting since 2005and is currently bidding to host the 2011 IAAF World Championships in Athletics, which is one of the initiatives of its long-term plan.

* Several world-class athletes such as Justin Gatlin, Tirunesh Dibaba, Liu Xiang and Yelena Isinbayeva have participated in the Daegu Athletics Meeting. For the meeting in 2006, Daegu city succeeded in attracting well over 50,000 spectators.

D. At present, we are working together with government policy planners and the media to persuade them to address the following issues:

① To expand the basis for athletics at a grass roots level, physical education in schools is necessary. This is a very important aspect where the IAAF puts much of its focus. If schools are to focus on athletics as part of the physical education programs in schools, then positive responses and strong support from leaders of education are required to make this vision a reality.

② Unlike European countries, Korea does not have a club system for athletics. To be successful, big businesses will have to assume the leading role to develop and promote athletics in Korea. Through the increased participation of major corporations in the promotion of athletics and by creating teams in running, jumping and throwing, Korea will then succeed in attracting and training top-class athletes in a short period of time.

③ In general, the media love athletics, and will continue to publicize and cover the major competitions, both locally and internationally.

5. Conclusion

The overall results of the Athletics' World Plan has been quite remarkable. However, there have been no specific plans or focus to promote athletics in regions where athletics are not very popular.

It is imperative to continue the development of athletics and increase its popularity worldwide or it will be difficult to achieve the objective of the IAAF's Athletics' World Plan, which aims to be the "Number One Sport!" worldwide.

In conclusion, I would like to propose the Korean-style approach, which focuses on forming an athletics family that is supported by the central government, cities and community leaders, as a means to develop and promote athletics in regions and countries where athletics is less popular.

(November, 2006)

【자료 5】

The Odyssey of Daegu

Jung-Ki Park
Honorary President, LOC of 2011 Daegu WCH

I. Do your best, Heaven will answer

We have an old saying, “do your best, heaven will answer.” This motto represented the Daegu LOC’s spirit when they undertook the preparation of the WCH.

Daegu’s notorious summer heat, humidity, torrential rains and unpredictable response of the spectators were the problems and worries that tormented us from the beginning. It was forecast that there would be rain on the eve of and on the day of the opening ceremony. But it didn’t rain and the two events, the opening ceremony and the festivities the night before, turned out to be a great success. The temperatures during the Games remained consistently below the average temperatures of the previous years. To our surprise, people sometimes needed a light sweater in the evening. There is a western version of the expression-Heaven helps those who help themselves – the Daegu Championship was exactly the case.

II. Culture Events

In Mombasa, we were overwhelmed by your trust and confidence to give us the opportunity to organize the prestigious Championships and thus we pledged to commit ourselves to deliver the best WCH ever. It was, however, a daunting challenge for us who had little or no athletic heritage. But the sense of responsibility to return your confidence in Daegu upheld our motivation and commitment for the entire period of the WCH preparations.

Our concerns led us to ask, how could we achieve the best WCH possible? The answer was to break from the standard and organize a different Championship event from the previous. We needed the best infrastructure, excellent management, new ideas and different interpretations, combined with cultural activities, which previous cities haven't attempted, in order to deliver a new type of festival.

Fortunately, we had a state-of-the-art stadium, top class athletics' village, with easy access to training facilities. We also provided the dedicated service of volunteers, cordial reception of VIPs, shopping opportunities, and traditional and modern cultural activities. With more than 100 performances of street dance, traditional Korean music, modern opera, symphony orchestra, and fashion shows, the city of Daegu coordinated a feast for all the senses unparalleled in the history of the WCH.

III. Spectators

The issue regarding spectators was the biggest concern from the beginning. All the elements described above were necessary conditions but not sufficient for delivering a world class sporting event.

The IAAF considered the spectator issue as the biggest problem in Daegu from the beginning. As we have no athletic heritage, no world-class athletes, it seemed nearly impossible to attract a positive response from the citizens. However, there were no problems filling the seats to the stadium's capacity through administrative measures. But the spectators obtained through this protocol would've resembled 'sacks of borrowed barley.' The puppet spectators would not have driven an energetic, enthusiastic and cheerful festival.

The question of smart spectators rose as an urgent issue. For this a promotional guideline book, Beyond the Limit of Human Ability was published. All major papers and TV were mobilized to educate citizens how to enjoy and appreciate the Games with this book. People began to understand that athletics is an art in itself produced by challenging the human body, the most beautiful creation of the Creator, that it is analogous to the ancient Greek Olympics in which athletes and spectators became one.

Ticket sales were smooth from the beginning, and broke the previous record for ticket sales during the WCH. Still, we were worried. Most of the ticket sales were targeted to groups and organizations. Would citizens respond favorably to the event? When all the Korean athletes were being eliminated during every preliminary event, would they still show up? We were worried up to the day of the Opening Ceremony after receiving news that there was a 70% chance for rain

August 26th, the eve of the Championships, a huge number of citizens showed up even under the heavy clouds. However, it didn't rain a tall. On August 27th, the day of the opening ceremony, the stadium was full and it didn't rain either. "Heaven helps those who help themselves."

We really enjoyed the packed stadiums for nine days. We wondered, at first, why a huge crowd showed up to fill even the aisles and open spaces of the stadium, and what made the people so enthusiastic about the Games to come to the stadium on their own volition.

It turned out later that the people came to the stadium simply out of their pride in their hometown from the first day on to the next. They thought it was their responsibility to attend the Games given the sincere request of the authorities. Somehow, on the third day and the rest, they were fascinated and swept away by the festive mood in the stadium. The education of the spectators by the publications and promotions had worked.

The 13th Championships set the record number of 450,000 spectators which surpassed the previous record of 390,000 in Berlin.

IV. Lessons Learned

The lessons we learned from the Daegu Championships are:

(1) A successful WCH could be organized even in regions where athletics is not popular.

(2) World class players of the host city are not always necessary in attracting spectators.

(3) The software such as ideas and new type of structure and management are basic elements of a successful WCH.

(4) Promotion, publication and event presentations will create fans and smart spectators of our sport in a short period of time.

(5) Do the best, Heaven will answer.

V. Conclusion

As the Daegu Championships has shown the WCH could succeed in a region where athletics is not popular. The ideas and skills to organize a Championship would dictate the success of the event anywhere in the world. As I have argued so far, an in-depth study is needed to host the Championships in less friendly regions to promote athletics worldwide in the future.

Sincere trust and friendship bring forth miracles. Four years ago, you had given a strong support for the city of Daegu, which had the least favorable conditions for the Championships among the bidding cities. It was your trust in Daegu which enabled us to deliver a successful WCH.

I thank you again for your trust and friendship.

(November, 2011)

【자료 6】

"World Athletics City Daegu"
韓國 陸上發展 計劃
(2012. 10)

1. 目的

2011 세계육상대회의 成功的 開催와 '世界陸上都市'로 選定된 大邱를 韓國 陸上의 '메카'로 育成함은 물론, 나아가 世界的 陸上 Brand 都市로 浮刻시키고자 함.

2. 一般計劃

가. 大邱市가 眞正한 '陸上都市'로 발돋움할 수 있도록 關聯 法規와 支援體制를 確立하여, 政府와 民間企業의 폭넓은 支持와 呼應을 얻어낼 수 있는 環境을 造成한다.

나. <陸上振興센터>의 運營 主體는 大邱廣域市가 되어야 하며, 진흥센터는 名實相符한 韓國 陸上 振興의 Control Tower 役割을 수행한다.

다. 世界 有名 大會 誘致와 大會 創設을 통해 2011 세계육상대회 때 보여준 市民들의 陸上에의 熱情과 關心을 이어간다.

라. 陸上行事를 각종 文化行事와 連結하여 世界的 文化體育 都市로서 大邱 브랜드를 確立한다.

3. 細部計劃

가. 官界, 陸上界, 體育界, 學界, 財界 등 專門家로 構成된 〈陸上振興센터 運營委員會〉를 構成, 事業 推進

나. 〈陸上振興센터〉 短期 計劃 樹立

• 1段階 (2012-2013)
- 陸上振興센터 運營委員會 構成
- 陸上振興센터 Master Plan 完成
- 실내경기장 完工, 육상진흥센터 構成, 機能
- 室內陸上競技場 完工 記念 室內陸上大會 開催
- 國內 또는 韓中日 大會
• 2段階 (2013-2015)
- 選手/指導者/審判 養成 시스템 構築
· Global 選手 訓練시스템 稼動 (世界的 指導者 招聘 등)
· 指導者 및 審判 養成課程 常設 (CECS / TOECS Ⅰ,Ⅱ, Ⅲ)
- 陸上클럽 創設
- 國際 陸上세미나 開催, 스포츠外交課程 開設
- 追加 訓練施設, 裝備 (水泳場, Hyperbaric Chamber 등)
• 3段階 (2015-2017)
- 室內陸上大會 開催: 2016 세계실내육상대회 등
- IAAF 公認 機關 誘致

다. 陸上發展을 위한 關聯 法規, 支援體制 確立
- 學校 陸上部 新設 義務化 (學校體育振興法 등)
- 體力章, 體力認證制 등 導入
- 學校體育에서 陸上을 必須種目으로 採擇
- 陸上選手들의 體育教師 任用 惠澤
- 企業 陸上部 新設 奬勵: 稅制, 行政支援 등 惠澤

라. 世界陸上都市 〈大邱〉 浮刻
- 大邱國際마라톤, 大邱國際陸上大會 維持, 發展
  · Gold Label / Diamond League 大會로 昇格
- 室內陸上大會 創設 및 誘致
• 國內大會 創設

- Kid's/Youth 大會
- 大邱市長盃 種別 室內陸上大會

• 國際大會 誘致

a. IAAF Indoor Permit Meeting (Annual)

- 2012 Permit Meeting 開催 結果
  · U.S. Open(New York, 1/28)
  · Russian Winter(Moscow, 2/5),
  · Int'l Hallen Meeting Karlsruhe(Karlsruhe, 2/12),
  · Meeting Pas de Calais (Levine, 2/14),
  · AVIVA Grand Prix (Birmingham, 2/18),
  · XL Galan (Stockholm, 2/23)

- Permit Meeting 不可할 경우 韓中日 室內陸 上大會 創設 또는 2014 아시아실내육상대회

〈역대 아시아실내육상대회 개최지〉

회	Date	도시	Venue	참가국	선수	종목
1 (2004)	2/6-8	Tehlan (IRI)	Aftab Enghelab Complex	23		30
2 (2006)	2/10-12	Pattya (THA)	Indoor Athletics Stadium	24		26
3 (2008)	2/14-16	Doha (QAT)	Aspire Dome	29	202	26
4 (2010)	2/24-26	Tehlan (IRI)	Aftab Enghelab Complex	23	193	26
5 (2012)	2/18-19	Hangzhou (CHN)	-	26	195	25
6 (2014)		미정				

b. IAAF World Indoor Championships

- 매 2年마다 開催, 약 150개국 1,200명 選手, 任員 參加
- 豫算 약 2,000萬 달러 (2012 Istanbul WIC 基準)
- 2016년 대회 On Bid

〈역대 WIC 개최 현황〉

회(연도)	개최도시	날짜	참가국	선수	임원	계
– (1985)	Paris (FRA)	1/18-19	69	319		
1회 (1987)	Indianapolis (USA)	3/6-8	85	419		
2회 (1989)	Budapest (HUN)	3/3-5	62	373	269	642
3회 (1991)	eville (ESP)	3/8-10	82	531	374	906
4회 (1993)	Toronto (CAN)	3/12-14	93	537	279	816
5회 (1995)	Barcelona (ESP)	3/10-12	131	601	409	1010
6회 (1997)	Paris (FRA)	3/7-9	118	712	447	1159
7회 (1999)	Maebashi (JPN)	3/5-7	115	485	355	840
8회 (2001)	Lisbon (POR)	3/9-11	136	519	420	939
9회 (2003)	Birmingham (GBR)	3/14-16	133	589	474	1063
10회 (2004)	Budapest (HUN)	3/5-7	139	677	516	1193
11회 (2006)	Moscow (RUS)	3/10-12	129	562	475	1037
12회 (2008)	Valencia (ESP)	3/7-9	147	575	583	1158
13회 (2010)	Doha (QAR)	3/12-14	142	585	585	1024
14회 (2012)	Istanbul (TUR)	3/9-11	171	618		
15회 (2014)	Sopot (POL)	3/7-9				

c. World Masters Athletics Indoor Championships

- 2년마다 開催: 7회대회(2017년)부터 홀수 해 개최
- 모든 經費 참가선수 自費 부담: 豫算부담 적음.

- 35세 이상이며, 대부분 家族 同伴하므로 消費 誘發效果 클 것으로 豫想.
- 'Medicity 대구'와 文化를 연계한 투어商品 開發: 효과 極大化

〈역대 개최지〉

회	일자	개최도시	참가선수	참가국
1회 (2004)	3/10-14	Sindelfingen (GER)	2,638	58
2회 (2006)	3/15-20	Linz (AUT)	3,229	62
3회 (2008)	3/17-22	Clermont-Ferrand (FRA)	3,670	65
4회 (2010)	3/2-7	Kamloops (CAN)	1,384	62
5회 (2012)	4/3-8	Jyvaskyla (FIN)	2,724	65
6회 (2014)	(예정)	Budapest (HUN)	-	-
7회 (2017)	On bid			

• IAAF 機構 大邱 誘致

- Asia Zone RDC/HPTC/ATC 追加 配定 可能性 檢討

  RDC: Beijing (CHN), Jakarta (INA)

  HPTC: Beijing (CHN)

  ATC: Kuala Lumpur, Malaysia (Pole Vault, Sprints, Hurdles)

- RDC(지역육상발전센터), HPTC, ATC 設置 現況

- IAAF Regional Development Centres (RDC)

지역	센터명	위 치	설립	관련국
Asia	Beijing (CHN)	Beijing Univ.	1994	동북아 9개국 (한국)
	Jakarta (INA)	Madya-Senayan Stadium	1988	동남아 19개국
Africa	Cairo (EGY)	Cairo Int'l Stadium	1988	아랍어권19개국
	Dakar (SEN)	Stadium L.S.S.	1991	프랑스어권 26개국
	Nairobi (KEN)	Moi Int'l Stadium	1987	영어권 21개국
Europe	Moscow (RUS)	Moscoe City Sport Association	1997	유럽 50개국 + 러시아권 4개국
Oceania	Brisbane (AUS)	Queensland Sports Center	2006	오세아니아 20개국
NACAC	San Juan (PUR)	Univ. of Puerto Rico	1988	북중미 32개국
South America	Santa Fe (ARG)	Santa Fe Institute of Physical Education	1990	남미 13개국

- IAAF High Performance Training Centres (HPTC)

지역	도시	특화종목	주요시설
Asia	Bejing (CHN)	Sprint, 허들, LJ, HJ, TJ	9레인 타탄,자동화시설, 60m웜업 트랙
Africa	Eldoret (KEN)	중, 장거리 트랙	Cinder 육상트랙, 웨이트룸
	Dakar (SEN)	Sprint, 허들, HJ	트랙, 필드시설, 웨이트트레이닝룸
	Réduit (MRI)	Combined Event	종합육상경기장
Oceania	Gold Coast (AUS)	허들, PV, Throws	종합경기장, PV를 위한 실내시설
NACAC	Havana (CUB)	Throws, HJ, 허들	8레인 트랙, 투척, 도약시설, 의학시설
	Kingston (JAM)	Sprint, 허들, HJ	체육관, 육상경기장
South America	Manaus (BRA)	Jumps, Sprint, 허들, 릴레이, Throws	8레인 트랙, 의학시설, 물리치료실

• IAAF Accredited Training Centres (ATC) 공인훈련센터

지역	도시	특화종목	Coaches
Asia	Kuala Lumpur (MAL)	PV, Sprints, 허들	
	Muscat (OMA)	중장거리, Sprints, 허들	Kbynek Kaluzik, Mohamed Al Hooti 등
Africa	Sale (MAR)	중장거리, 허들, 마라톤, Jumps, Throws, SP	Azzedine Morjane, Fahad Al Mashaikhi
	Boulouris (FRA)	Sprints, 허들, LJ	Magali Brisseau Gerad Viallette
Europe	Debrecen (HUN)	Sprints, 허들, 중장거리, HJ,LJ,TJ, PV, SP, Deca	Gabriella Perenyi, Laszlo Suba, Robert Szabo 등
	Donetsk (UKR)	PV, LJ, TJ	Viktor Heighfets Anatoliy Boyko
	Kiev (UKR)	Throws, Race Walking	Evgeniy Karsac, Anatoliy Solomin, Artem Rybanko
	Kuortane (FIN)	Throws, Combined Event	Pavel Hamalainen 등
	Saluzzo (IAT)	Race Walking	Sandro Damilano
	Växjö (SWE)	Hepta, Deca, Javelin, Discus	Agne Bergvall 등
	Santo Antonio (POR)	중장거리, Cross Country, Throws	Artur Lara Ramos Helder Silva

마. 陸上과 文化行事의 連繫로 새로운 장르 開發

- Indoor Stadium과 音樂 連繫
  (Pop, Symphony, Piano集團演奏 등)
- 陸上과 鄕土文化 接木
- 定期 高 · 延戰에 릴레이(400, 1600m) 種目 追加 (하프타임 이용)

바. 陸上振興센터 自立基盤 構築

- 陸上振興센터 基金 造成 : 企業體, 國民體育振 興公團
- Indoor Stadium의 Name 企業에 販賣 (年間 固定收入)

예) 대구-삼성 실내육상경기장 (Daegu-Samsung Indoor Stadium)
　　대구-삼성 돔 (Daegu-Samsung Dome)

- 競技場 內部 A-Board 廣告板 販賣
- Marketing 活動 强化
  · 陸上 外 他 種目 大會 誘致
  · 各種 公演, 콘서트 誘致
  · 企業體 行事 - 體育大會, 團合大會 등

사. 陸上振興센터 機構表

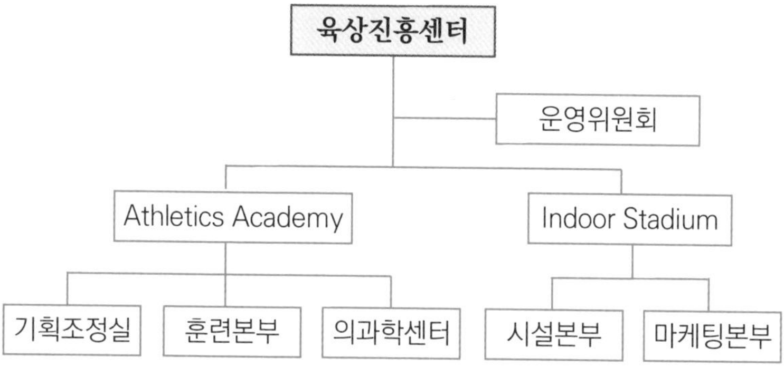

제2부

대구, 세계를 감동시키다

한 만 수

전 대구광역시 문화체육국장

1. 세계육상선수권대회 유치를 신청하다

(1) 도전에 나서다

2003년 2월 18일, 오전 9시 53분.

"중앙로역에 불, 불이 났어요!"

갑작스러운 소란에 시청에서 남서쪽 방향의 중앙로역을 바라봤다. 뿌옇게 연기가 피어오르는가 싶더니, 금방 연기 색이 검게 변하면서 하늘을 뒤덮기 시작했다. 이어 직원들의 비상근무체제를 갖추라는 방송이 나왔다.

대구는 두 번 다시 일어나지 말아야 할 지하철 화재사고로 시민들이 아픔과 실의에 빠졌다. 조해녕 시장님은 밤낮으로 참사현장과 병원, 사고대책본부, 시청을 오가며 지역사회 안정을 진두지휘했다. 시민회관(현 콘서트하우스)에 사고수습대책본부가 꾸려지면서 나는 그곳 상황실에서 사고수습을 총괄하는 일에 힘을 보탰다. 사고수습 과정은 지난했다.

그해 8월, 2003 대구 하계유니버시아드대회는 중앙로역 사고의 온갖 어려움과 고통 속에서도 당당히 치러냈다. 국제스포츠계 지도자들의 찬사가 쏟아졌다. 엄청난 사고로 아픔을 겪은 시민들이 힘을 모아 성공적으로 개최하였다는 평가가 이어졌다.

"대구시민은 영웅이다. U대회를 성공적으로 치러낸 대구시민의 저력과 시장의 열정에 감사를 드린다."

자크 로게(Jacques Rogge) IOC위원장은 말을 이어갔다. “세계육상선수권대회도 잘 해낼 것”이라며 대회유치를 시장에게 적극 권유했다.

지역의 새로운 도약과 지역사회의 통합을 고민하던 조 시장은 대회의 유치 타당성과 성공개최의 가능성, 대회의 개최효과에 대해 지역사회의 원로들과 체육계, 시민사회와 숙의(熟議)를 거듭했다. 이듬해 봄부터는 정부와 협의에 나서면서 2009년 대회를 겨냥하여 유치의향을 표명했다.

2009년 대회 유치의향도시들의[11] 과열경쟁과 2007년도 오사카대회 개최에 따른 대륙별 안배 문제로 국제육상경기연맹의 고민이 깊었다. 정부에서도 유치 타당성을 면밀히 검토 후에 대구대회 개최여부를 결정하라는 권고가 있었다. 이런 상황을 종합적으로 고려하던 시장은 2009년 대회 대신에 차기 2011년 세계육상선수권대회 유치를 추진하기로 결정했다.

2011년 대회 유치를 추진하면서 가장 먼저 전문연구기관의 유치타당성 분석과 시민여론을 조사했다. 92.2%에 달하는 시민들이 유치에 적극적인 의사를 가지고 있다는 조사결과가 나왔다. 이에 힘을 얻어 정부에서 마련한 ‘국제경기대회 유치 및 개최와 관련한 기준’에 의거해 준비에 들어갔다. 대한육상경기연맹과 대한체육회와 협의를 거쳐 대구시의회에 제출한 세계육상선수권대회의 유치동의안이 가결되었다. 2005년 6월, 지역의 경제계와 시민사회 인사들을 중심으로 세계육상대회유치위원회를 설립하면서 담대한 도전의 첫 발을 내딛게 되었다.

---

11) 우리와 독일(베를린), 인도(뉴델리아), 오스트레일리아(브리즈번), 벨기에(브뤼셀), 스페인(발렌시아), 모로코(카사블랑카), 크로아티아(스플리트) 등 8개 국가의 도시임.

(2) 유치위원회에 합류하다

2006년 6월, 사무관으로 승진을 하였다. 9급 말단공무원으로 공직에 입문한 지 24년 5개월 만이었다. 기획관리실에서의 수고에 대한 배려로 충전의 기회를 가지라며 법무담당관실 송무팀장으로 첫 보직을 받았다. 감사했다.

승진을 하였다고 이곳저곳의 축하를 받던 때였다. 어느날 동료로부터 연락을 받았다. '한만수가 세계육상대회 유치위원회 유치기획팀장으로 간다.'는 소문이 돌고 있다는 것이었다. 설마 인사이동이 있은 지 열흘도 되지 않았는데, 보따리도 풀지 않았는데 무슨 소리를 하냐며 오히려 반문했다.

'아니 땐 굴뚝에 연기 날까'하는 속담이 결코 우연이 아님을 알기까지는 그리 오래지 않았다. 문영수 정무부시장(전 대구상공회의소 상근부회장)의 호출을 받았다. 문을 열고 들어서서 인사를 드리기도 전에 말씀을 했다.

"자네 요즘 뭐 하노? 육상대회 유치신청서를 작성해야 하는데, 자네가 적임자로 판단되어 유치위원회로 발령을 낼 것이니 준비해."

강경하고 일방적인 말씀에 당황한 나머지 나는 대꾸도 못하고 방을 나왔다. 한참동안 멍하니 서 있다가 다시 들어가서 말했다.

"송무팀장으로 첫 보직을 받았고, 송무업무를 담당하는 실무자들에게 도움을 주고자 편람을 준비하고 있습니다. 그러면서 저 자신도 부족한 공부를 하면서 재충선하는 계기를 가질 수 있으면 합니다. 그리고 이곳으로 발령을 받은 지 보름밖에 되지 않았습니다."

나의 분명한 의사를 전달하고 자리로 돌아왔다.

며칠이 지났다. 출근하는 버스에서 인사발령 신고가 있다며 9시까지 시장실로 오라는 연락을 받았다. 통상 5급까지는 행정부시장께 인사신고를 하는 관례인데, 시장께서 직접 신고를 받는다고 했다.

세계육상대회의 유치를 통해 지역의 발전을 모색할 수 있도록 열심히 해달라는 시장의 당부말씀이 머리를 쳤다. 이어 자리에 함께 한 정무부시장이 또 거들었다.

"'송무팀장으로 할 일이 있다며 맡지 않으려고 해서, 대회유치에 성공하면 원하는 자리로 발령을 내주겠다.'고 했습니다."

나에게 통보하듯이 말했다.

"국제육상경기연맹에서 11월 30일까지 유치신청서를 제출하도록 변경을 통보해왔다. 기일이 촉박한데, 필요한 인력이 있으면 지원해 주겠다."

화끈하게 달아오르는 얼굴을 들 수가 없었다. 시장은 웃으면서 꼭 유치를 성사시키라고 당부를 하며, 뒷일은 정무부시장이 책임지라며 덕담을 주셨다. 먼 훗날 정무부시장의 그 약속은 물론 허약(虛約)이 되었다.

인사발령장을 받고 나자, 시장에 출마의향을 밝힌 정무부시장(김범일 전 대구광역시장)과 대회유치단장(신점식 전 서구부구청장), 그리고 몇 분이 적임자라며 역할을 기대한다는 격려전화가 이어졌다. 당황스러웠지만, 그리 길게 고민하지 않았다. 대구가 도전에 나섰으니, 부족한 힘이라도 보태야겠다는 마음이었다. 세계육상선수권대회 유치위원회가 설립된 지가 1년이 지난 때라 상당한 준비가 되어 있을 것이라는 기대도 한몫을 했다.

(3) 유치신청서를 내다

첫 출근을 했다.

미리 요청했던 그간의 준비상황과 앞으로 유치일정에 대한 자료들이 내 책상에 먼저 와 있었다. '대회유치업무 추진상황'이라는 소책자에는 대회관련 시설의 확충, 국제육상경기대회의 참관과 국제육상경기연맹의 집행이사 초청·방문 활동, 국제육상경기연맹 관련 현황들이 주로 수록되어 있었다. 내가 생각하는 내용이 담긴 대회유치기본계획은 따로 없었다.

대회유치를 통해 대구와 국제육상경기연맹, 그리고 세계육상 발전에 어떻게 기여할 것인가? 그리고 유치를 위한 핵심 메시지와 대구대회의 미션과 전략은 무엇인가? 시민들의 공감대 형성과 협력방안, 정부와 대한체육회, 대한육상경기연맹 등과의 네트워크 구축방안과 역할분담, 육상불모지나 다름없는 국가에서의 특별한 선수육성과 대회운영 계획들은 무엇인가?

이러한 내용들이 담겨진 대회유치기본계획을 기대했었다. 충격이었다. 일주일 넘게 근육통과 고열을 동반한 몸살로 홍역을 치렀다. 특별히 아플 이유가 없었는데 말이다.

첫 해외출장길에 올랐다. 북경에서 열리는 제11회 세계주니어육상선수권대회 참관과 국제육상경기연맹 관계자들과 면식(面識)을 넓히기 위해서였다.

유종하 유치위원장(전 외교부장관)이 주재하는 국제육상경기연맹 회장단 간담회와 몇몇 집행이사들과의 면담 자리에 참석하여 인사를 하였다.

유치위원장은 대구가 2002월드컵, 2003년도 대구하계유니버시아드

대회를 성공적으로 치러낸 경험을 가지고 있고, 주경기장을 비롯한 대회와 총회 시설도 갖추고 있다고 유창하게 설명하였다. 아울러 이제까지 세계육상선수권대회의 대부분이 유럽에서 개최되었던 점을 감안하면 아시아지역에서 개최하여야 한다며 그 필요성을 역설하였다.

이어서 나는 우선적으로 'Hey Say'하는 인사를 나누며 대구에 대한 친근감을 주려고 애썼다. 대구대회가 '국제육상경기연맹(IAAF)과 세계육상발전에 어떻게 기여할 것인가?'에 대한 의지와 방안을 표명하고, '한국의 육상발선의 계기가 되도록 기회를 가지고 싶다. 그리고 한국의 육상발전은 세계육상의 발전과 국제육상경기연맹의 외연 확대에도 크게 기여할 수 있을 것이다.' 라는 내용을 호소하는 것이 좋겠다는 생각을 하였지만, 주장을 펼 수 있는 처지가 못 되었다. 자리를 떠나 나오면서 유치위원장에게 건의를 드렸다.

그 후 다행히도 유치위원장의 제안으로 유치 전략 마련을 위한 용역을 의뢰하게 되었다. 세계 최고의 글로벌 스포츠마케팅 전문 컨설팅기업인 Hill & Knowlton사를[12] 통해 유치 전략과 유치신청 도시들과 국제육상경기연맹의 동향을 파악하고, 유치신청서를 감수하는 것을 주요 내용으로 계약을 했다. Hill & Knowlton사의 제안을 토대로 키 메시지를 정했다. 'DAEGU: Carrying the baton for World Athletics.(대구가 세계육상의 바톤을 이어간다)'라는 메시지는 집행이사들과 회원연맹 국가들의 지지를 이끌어내는 데 주효했다.

드디어 유치경쟁이 본격화 되었다.

2006년 10월, 국제육상경기연맹(IAAF)에서 주관하는 유치설

12) Hill & Knowlton사는 1927년에 설립된 글로벌 홍보기업으로 전 세계 37개국 78개 법인과 50여 개 PR회사와 제휴를 맺고 있는 스포츠마케팅 전문 컨설팅기업. 특히 IOC, IAAF 등 국제스포츠연맹들과 행사를 진행하는 기업.

명회(IAAF Information Seminar/10.19~20)가 모나코에서 열렸다. 2011/2013 세계육상선수권대회 유치의향서를 제출한 9개 국가의 도시[13] 및 회원연맹 대표를 대상으로 한 설명회였다.

국제 스포츠계의 활동경험이 있었던 강근택 전 우크라이나 대사와 함께 설명회에 참석했다. 긴장감마저 느껴진 세미나장은 마치 007작전을 방불케 하였다. 참여한 국가의 대표들은 국제육상경기연맹(IAAF) 사무국과 접촉을 하였다. 특히 오스트레일리아와 러시아, 스웨덴은 Head to Head Meeting에서 연맹의 핵심 어젠다와 유치의향도시들의 경쟁력과 사무국의 동향에 촉각을 곤두세우고 있었다. 대표단으로 참석한 오스트레일리아출신의 집행이사(William Bailey)는 우리와 경쟁도시들을 의식한 탓인지 의도적으로 Low-Profile을 유지하는 모습이었다.

국제연맹으로부터 대회 유치신청 가이드라인이 도착했다. 총회, 경기장, 후원사, 미디어, 수송과 숙박, 의무 및 도핑 등 14개 분야에 걸친 104개의 세부질문이 들어 있었다. 유치신청서는 투표권을 행사할 모든 집행이사들에게 배부될 예정임을 감안, 전략적으로 신청서에서 제안할 내용과 유치결정 프리젠테이션에서 깜짝 밝힐 사항에 대한 구분이 필요했다. 이때 우리나라 출신의 박정기 국제육상경기연맹 집행이사(전 한국전력사장)가 소장한 역대 대회 유치신청서와 코멘트는 큰 도움이 되었다.

유치신청서에 대해 Hill & Knowlton사의 감수에 이어 해외 전문가의 감수를 받았다. 그리고 11월 초, 2005년 헬싱키세계육상선수권회조직위원회에서 사무총장으로 경험을 가지고, 국제스포츠 컨설턴트로 활동

13)한국(대구), 오스트레일리아(브리즈번), 크로아티아(스플리트), 스페인(발렌시아), 모로코(카사블랑카), 러시아(모스크바), 도시 명을 기재하지 않은 스웨덴, 아랍에미리트, 미국 등 9개 국가임.

을 하는 분을 초청했다. 대회시설과 유치신청서 내용에 대해 꼼꼼하게 의견을 주었다. 특히 그는 도시현황 항목에 와이파이를 무료로 이용할 수 있는 환경을 '무료 와이파이(Wifi) 제공'으로 인센티브화 하는 것이 좋겠다고 했다.

그리고 선수촌과 미디어 촌(村, 아파트) 운영은 매력적인 만큼 미니어처를 만들어서 실사단들에게 제시하라는 조언을 주었다. 실제 우리는 미니어처를 제작하여 실사단들에게 호평을 받았고, 개최지 결정 프리젠테이션을 위한 몸바사에까지 가지고 갔다. 무료 와이파이 제공과 선수촌과 미디어 촌 운영 등과 함께 제시한 우리의 개런티(Guarantee)는 집행이사들에게 강하게 어필되었다.

유치신청서를 작성하는 기간은 힘들고 긴 여정이었다. 신청서의 디자인부터 기본 색상과 형식까지 어느 것 하나 쉽게 결정할 수 없었다. 손을 보태주지 않는 많은 주문꾼들로부터 받는 스트레스는 이만저만 아니었다. 정말 버거워 힘들고 지칠 때마다 대회유치에 대한 열망과 기대에 부풀어 유치서명을 하던 시민들의 모습을 떠올리며 힘을 내곤 했다.

추석명절에 혼자 대구에 남았다. 운전을 할 줄 모르는 아내가 아이들을 데리고 시외버스를 타고 불편하게 오가는 모습에 마음이 편치 않았다. 사무실 근처의 식당은 문을 열지 않아 편의점 컵라면으로 끼니를 해결했다. 다가오는 어머니 기일(忌日)에는 꼭 참석하겠다고 했지만, 그것도 지키지 못했다.

유치신청서에 대한 영문번역 작업이 완성되었지만, 감수하는 사람들마다 수정을 반복했다. 표현방법에서 미괄식을 두괄식 어법으로 수정하는 과정이 반복되었다. 결국 신청서 인쇄가 늦어지면서 국제우편(EMS)으로 송달할 수 없는 상황에 이르렀다. 하는 수 없어 유치지원팀장에게 지원을 요청했다. 직접 신청서(5권)을 가지고 국제육상경기연맹으로 해외출장을 가서 접수를 하였다.

조마조마한 긴장의 시간이 연속되었다. 유치신청서들을 집행이사들에게도 보내야 하는데 5권으로는 부족하다고 국제연맹으로부터 연락이 왔다. 부랴부랴 보자기를 이용한 특별한 케이스를 제작하여 시장 서한문과 함께 집행이사들에게 발송했다. 국제특급우편(EMS)으로 송부하고 돌아서니, 국제육상경기연맹으로부터 유치신청서 검토결과에 따른 메일이 기다리고 있었다. 경보코스의 주회(周回) 횟수, 의무실과 믹스트 존(Mixed Zone)의 시설배치, 주관방송사 운영예산의 재원(財源) 등에 대한 10개의 질문이었다.

유치신청 작업을 마무리했지만, 잠시 숨을 돌리는 것도 허락되지 않았다. 국제육상경기연맹에서 유치신청서 내용에 대한 현지실사(2007.2.22.~2.25./ 3박 4일간)와 개최지결정 프리젠테이션(2007.3.27./ 몸바사) 일정을 통보해 왔다. 더 엄청난 일이 기다리고 있었다. 대구 도약의 모멘텀을 위해 새로 신발끈을 조였다.

2. 세계육상선수권대회 유치 현지실사 준비

2006년 11월, 세계육상선수권대회 유치신청서를 마무리했다. 숨을 헐떡거리며 달리기를 마친 순간이었다. 잠시 숨을 돌리며 여행이라도 하고픈 심정이었다. 단 하루만이라도 안식이 필요했다. 하지만, 시불가실(時不可失)이라고 하지 않았던가? 세계육상선수권대회 유치를 위해서는 넘어야 할 큰 고개가 다가오고 있었다. 결국 다음 일정을 위해 신발끈을 조였다.

국제육상경기연맹(IAAF)은 세계육상선수권대회를 유치 신청한 도시들을 대상으로 현지실사를 한 후에 집행이사들의 투표로 개최도시를 결정한다. 현지실사는 유치신청내용의 정합성과 대회 개최가능성에 대한 도시별 비교평가를 목적으로 한다.

그 결과는 국제육상경기연맹 집행이사들에게 보고되어 개최지 결정 투표에 중요한 영향을 미친다. 개최도시를 결정하는 투표 직전에 유치신청 도시들의 프리젠테이션이 있다. 유치신청 도시가 대회의 성공적 개최 전략과 세계육상발전을 위한 미션, 대회관련 시설, 인센티브 등을 발표하는 것이었다.

국제육상경기연맹이 주관하는 현지실사와 개최지결정 프리젠테이션을 위한 준비에 착수했다. 현지실사와 개최지 결정 집행이사회 목적에 맞춰 준비하여야 할 사항과 앞으로의 준비일정을 그렸다. 중앙정부와 대한체육회, 대구시의 협조를 받아야 할 사항과 부서별 역할분담도 망라했다.

국내에서 대회개최 경험이 전무한 탓에 국제육상경기연맹의 집행이사인 박정기(전 한국전력사장·대한육상경기연맹회장)이사가 보관하고 있던 다른 국가의 자료들이 큰 도움이 되었다.

현지실사와 관련한 전체 그림에 대하여 대구광역시장과 유종하 유치위원장, 유치위원회 간부와 직원들의 의견을 듣기 위해 보고회를 가졌다. 대회유치를 열망하는 시장의 강한 의지를 느끼는 시간이었다. 시장과 유치위원장이 함께 한 자리인 탓인지 참석자들의 주문은 각양각색이었다. 부서협의를 할 때에는 의견을 내지 않았던 이들의 노골적인 핀잔도 나왔다. 유치신청서 작성에 이어 또 다른 고난의 행군이 예견되었다.

드디어 국제육상경기연맹에서 현지실사(2007.2.22.~2.25.)와 개최지

결정 프리젠테이션(2007.3.27. 몸바사) 일정을 통보해왔다. 현지실사는 짧은 기간을 감안, 유치신청서에서 제시한 중요사항을 어필하기 위한 압축된 일정을 마련하여 연맹에 제시하였다. 국제육상경기연맹에서는 실사 본연의 드라이한 일정을 통보해 왔다.

실무진들과 함께 하는 현지실사와 개최지결정을 위한 준비는 분주했다. 서로를 토닥여주며 한발 한발 앞으로 힘겹게 나가던 때였다. 실무준비를 직접 주관하지 않고, 지원하는 부서에서 시장께 직접 보고한다며 수시로 추진상황보고서를 요구해왔다. 타 부서의 일을 보고한다는 것도, 더군다나 정기적으로 유치지원단장의 보고가 예정되어 있었기에 더 이해가 되지 않았다. 바쁜 준비과정에 분주한 손을 빼앗는 일에 대해 아무도 방패막이 역(役)을 해주지 않았다. 하지만, 좌고우면할 시간이 없었다.

실사를 위해 방한하는 집행이사들을 위한 감동프로젝트를 준비하자고 제안했다. 투표권을 가진 집행이사들이 대구에 와서 담아갈 추억의 서랍을 채울거리를 찾았다. 아이디어회의를 하는 자리를 찾았던 유치지원단장(신점식 전 서구부구청장)이 실사단의 초상화를 각각의 객실에 걸자고 했다. 집행이사가 처음 방문한 대구에서 자신을 반겨주는 자신의 모습을 만나게 하는 큰 매력적이고 감동을 줄 수 있다는 생각이 들어 나는 지역 예술가를 찾아 준비를 했다.

준비하는 과정은 힘들었다. 창의적인 아이디어를 제공하는 이가 있기도 하고, 함께 힘을 보태기는커녕 공(功)만을 가지려고 하는 이도 있었고, 태클이라도 걸 듯 난센스라며 빈정대는 이들도 있었다.

현지실사 이틀 전, 점검에 나선 시장님은 객실을 둘러보신 후 말씀하셨다.

"좋은 아이디어다. 피켓으로도 만들어 환영 시민들에게 나눠주고, 호텔입구에 포토 존으로도 활용하라."

훗날 대구에 도착한 실사단들은 호텔에 도착한 순간, 포토 존에서 연신 카메라 셔터를 눌러댔다. 실사를 마치고 액자를 가져가겠다며 포장을 요청하던 그들의 모습에서 나는 충분한 보상을 받았다.

국제육상경기연맹 집행이사 중에는 선수출신들이 다수가 있었던 점에 착안하여 선수시절의 활동영상을 찾아 나섰다. KBS 프로듀서 출신이 설립하고, KBS의 외주 프로그램을 제작을 맡고 있던 아시아 채널(Asia Channel)사가 영상제작을 맡으면서 방송국의 자료에 쉽게 접근할 수 있었다.

1984년 LA올림픽에서 400m허들경기의 금메달리스트인 나왈 엘 무타와켈(Nawal El Moutawakel, 모로코)의 경기모습을 영상에 삽입하였다.

개최지결정 프리젠테이션 영상물에는 '나는 인간 새'로 불리는 장대높기뛰기 세계기록 보유자인 세르게이 부브카(Sergey Bubka, 우크라이나)의 경기장면을 더 담았다. 훗날 개최지결정 프리젠테이션에서 여러 집행이사들의 환호와 박수를 받았다.

실사단으로부터 예상되는 질문에 대한 답안(答案)을 준비하는 일부터 철저히 준비했다. 세부적으로 취향이 서로 다른 집행이사들을 위하여 개별차량에는 출신국의 음악과 K-POP CD를 다르게 준비했다. 이른 봄, 대구의 꽃샘추위에 놀라지 않도록 장갑도 준비했다. 개별적인 신앙을 위한 공간과 식단도 챙겼다. 유치지원을 담당하는 부서에서는 실사단을 환영하는 시민행사도 진행하였다.

버거운 일정 속에, 안팎으로 여러가지 매도 많이 맞았다. 누군가의 '기둥을 때려야 서까래가 울린다.'는 말에는 어이가 없었다. 그때마다 동료들의 다독임에 힘을 내며 마음을 추슬렀다. 지금도 열심히 최선을 다하는 동료에게 격려는커녕 어떻게 그럴 수 있을까 하는 생각이 문득문득 떠오르는 때에는 가슴이 아프다.

실사와 개최지결정 프리젠테이션 준비를 시작할 때, '시불가실(時不可失)속에 오직 대구만 생각하며 재도 건너고 강도 건너보자.'고 했던 나의 말을 구호처럼 따라주었던 동료들이 고마웠다. 그들과 함께 했던 일들이 아련하게 떠오른다. 힘이 되어 주던 그들이 보고 싶다.

3. 백마(白馬) 타고 온 로키 박

유치위원회가 구성된 지 1년이 지난 시점이었다. 갑작스러운 세계육상대회유치위원회에 파견 명령이 났다. 유치위원회 유치기획팀장의 역할을 받았다. 국제육상경기연맹(IAAF)에서 유치신청서 제출 기한 2006년 11월로 당겨졌고, 내가 적임자라며 '유치에 성공하면 원하는 보직을 주겠다'는 당근을 제시했지만, 불편했다. 공직에서 2006년 6월에 사무관으로 승진을 하고 첫 보직을 받은 지 20여 일만에 일어난 인사발령이다.

막상 보직을 받고 보니 막막하기만 했다. 생각은 천 갈래 만 갈래로 복잡했다. 국내에서는 세계육상선수권대회 시리즈를 개최한 경험도, 유치에 도전한 적도 없어 반면교사로 삼을 자료도 없었다. 국제 스포츠외교 전문가는 누구일까? 육상이 스포츠의 기본이라고는 하지만 국내의 육상은 프로스포츠에 밀려 찬밥신세가 된 지 오래되었는데 과연 흥행은 할 수 있을까? 설상가상으로 세계육상선수권대회 출전 자격인 기준기록을 가진 선수조차 거의 없는 실정이었으니 말이다.

그나마 아시아지역에서 15년 전에 도쿄에서 한 차례 개최된 바 있었고, 2007년 오사카대회가 준비되고 있는 상황이 다행스러웠다. 오사카를 배워야지 하는 생각이었지만, 일본어에 문외한인지라 이런저런 고민으로 잠을 이루지 못하는 긴 시간이 이어질 때였다.

2006년 8월, 북경에서 열리는 국제육상경기투어(WAT)의 하나인 세계주니어육상선수권대회를 참관했다. 육상경기 관람보다는 국제육상경기연맹(IAAF) 집행이사와 사무국 관계자들과 안면을 트는 것이 주된 목적이었다.

유치위원장(전 유종하 외교부장관)의 소개로 국제육상경기연맹 회장단과의 인사에서 우리나라 출신 박정기(Rocky Park, 전 대한육상경기연맹회장) 집행이사를 처음으로 뵙게 되었다.

'발령을 받고 먼저 찾아뵙고 인사드리지 못했구나.' 하는 생각이 엄습할 즈음에 멋진 노신사가 앞에 다가와 손을 내밀었다. 국제육상경기연맹 집행이사 4선의 국제스포츠 외교전문가로 활동하고 있었다. 점잖은 외모와 무게 있는 목소리, 풍기는 기운에 압도당했다.

"한 팀장이라고 했소? 어디 한번 해봅시다. 자신감을 갖고 당당하게 나서 보자구."

박정기 집행이사는 나의 고민을 알아차렸다는 듯 두 주먹을 불끈 들어올리면서 나에게 힘을 주었다.

"내가 소장한 역대 대회 유치신청서와 신청서 작성에 필요한 자료는 전부 주겠소."

천군만마를 얻은 듯 기뻤다.

귀국하자마자, 서울의 한국육상진흥회 사무실에서 만났다. 대한육상경기연맹회장으로서 86아시안게임과 88서울올림픽에서 육상의 신예들을 발굴한 경험으로 말문을 열었다.

세계육상선수권대회 유치를 위해서는 국제육상경기연맹의 핫 이슈(Hot Issue)의 파악이 중요하고, 투표결정권을 쥔 집행이사들의 성향과 출신 국가의 육상연맹 상황, 그리고 집행이사들의 개인별 취향까지도 곁들여 주었다. 그동안 역대 대회유치에 성공한 도시들의 유치신청서와 국제육상경기연맹의 이슈를 자필로 정리한 메모를 들고 돌아왔다.

그 후 국제육상경기연맹에서 주관하는 세계육상선수권대회 유치를 희망하는 도시를 대상으로 개최한 설명회(IAAF WCH Information Seminar)에 참가했다. 모나코에서 열린 설명회에 참석했을 때는 국제육상경기연맹 사무총장(Pirre Weise)의 환대에 한때 당황했다. 우리 일행에 대한 박정기 집행이사의 특별한 배려가 요청되었음을 알았다. 정말 치밀하고 자상한 할아버지의 모습이었다.

유치신청서의 초안에서부터 완성에 이르기까지 개런티로 제시할 사항을 정리하고 유치신청서에서 제시할 부분과 개최지결정 프리젠테이션에서 임팩트 있게 제시할 사항에 대한 조언도 아끼지 않았던 박정기 집행이사께서는 개최지결정 프리젠테이션에도 적극적으로나서 주었다.

2007년 3월 27일, 개최지가 결정되는 결전의 날이었다. 대구를 알리는 영상(It's DAEGU!)에 이어 첫 번째 발표자로 박정기 이사장이 나섰다.

"Daegu is my hometown."

순간, 장내는 잠시 고요해졌다. 그의 점잖은 목소리로 동료 집행이사들에게 던진 간절한 호소는 집행이사는 물론, 케냐 몸바사의 모든 이들의 마음을 사로잡았다.

세계육상대회의 유치에서부터 성공적인 개최, 그리고 청산에 이르기까지 전 과정을 진두지휘하였던 필자는 대회 화보를 볼 적마다 첫 멘트가 생생하게 들려오는 듯 하다.

'Daegu is my hometown.'

대구를 세계의 도시로서 면모를 뽐낼 수 있도록 기회를 만드는 데 결정적 역할을 한 대구출신의 스포츠 외교관, 그의 공(功)은 잊을 수가 없다. 꼭 필요한 때를 맞춰 무대 뒤편에서 대구를 드러나게 하였고, 대구를 대변해 주기도 했다.

2011대구세계육상선수권대회의 10주년을 맞아 다시 한번 박정기 이사장의 열정에 머리 숙여 경의를 표한다.

4. 9일간의 육상여정

(1) 전야제(8. 26)

대회 전야제와 개막일에는 '태풍 난마돌과 탈라스의 북상으로 비가 올 것이라'는 뉴스가 마음을 무겁게 했다. 모두가 걱정을 했다. 일기예보를 수시로 확인하였지만 달라지는 것이 없어 답답했다.

그 전에 '2011대구세계육상선수권대회'를 300일 앞두고 동료들과 팔공산에서 매주 토요일마다 기도를 했다. '대회기간 중에는 태풍과 안전사고가 없고, 우리선수들이 메달을 따게 해 달라'고.

기원제의 기도가 받아들여졌는가보다. 전야제가 이루어지는 날, 아침까지 내리던 비는 오전에 꼬리를 감추었다. 기적 같았다. 또 오후에는 팔월의 대구다운 더위도 누그러진 채 제법 쾌청한 날씨가 축하해 주었다.

삼만여 명의 시민들이 모인 두류공원 야구장에서 이봉주 선수의 전야제 개막선언과 함께 멋진 공연으로 대회성공을 기원하고, 지구촌에 〈2011 대구세계육상선수권대회〉에 대한 기대감을 잔뜩 불어 넣었다.

전야제가 마무리되기 전에 서둘러 스타디움 종합상황실로 돌아왔다. 일보(日報)를 작성하여 정부와 관련 기관들과 공유를 하였다. 잠자리를 준비하였다. 여유가 찾아 드는가 하는 때였다.

“선수가 늦은 시간에 혼자 공항에 늦게 도착했대요.”

밤 두 시가 넘은 늦은 시간, 김해공항 안내데스크에서 자원봉사를 한다는 분의 다급한 전화였다. 선수의 이름도 모르겠다는 말에 난감했다. 안내데스크에 기록된 자원봉사자의 휴대폰 번호를 보고 전화를 해 온 선수라고 하였다.

자동차 열쇠를 찾았다. 늦은 시간이라 주저할 수 없는 상황이었다. 텅 빈 김해공항 입국장에서 쉽게 만날 수 있었다. 어느 나라에서 왔느냐는 질문에 트리니다드 토바고에서 왔다고 하였다. 태연하게 뒷좌석에 오른 그녀는 무언가를 꺼내먹더니 자는 듯했다.

선수촌에 도착하여 입촌 절차를 밟기 위해 여권을 확인하는 순간 당황했다. 등록된 선수명단에 이름이 없었다. 통역요원의 질문에 그녀는 ‘100m 달리기 선수였지만, 세계선수권대회에서 뛸 수 없었다, 친구들을 만나 응원하고 싶어서 대구에 왔다’고 하였다. 허탈했지만, 그녀가 이해도 되고 싫지 않은 느낌이었다. 대구에서 즐거운 시간이 되길 바란다며 대회기념품을 전했다. 선수촌 인근의 숙박시설로 안내하고, 졸음과 다투면서 종합상황실로 돌아왔다. 가끔 소식이 궁금했다. 대구에서 소중한 추억과 대구의 멋진 인상을 기억하는 시간이 되었으리라.

잠을 청했지만, 좀처럼 이룰 수 없어 어둠만이 차지하고 있는 텅 빈 경기장으로 나왔다. 이제 서너 시간 뒤부터 열전이 펼쳐질 트랙과 필드, 그리고 이곳을 포근하게 감싸고 있는 하늘만을 번갈아 가며 바라보았다.

국제육상경기연맹(IAAF)에서는 대회사상 202개 국가에서 1,945명의 선수와 1,817명의 임원이 참가한 최대의 규모라고 했다. 연맹 회원 국가가 212개임을 감안하면, 그야말로 대단한 흥행의 기틀을 마련한 셈이었다.

시험공부를 마치고 시험지를 기다리는 긴 시간이 계속되는가 싶더니 어느새 여명(黎明)의 기운이 다가왔다. 옷매무새를 다잡으며 희망의 대회가 되길 빌었다.

(2) 대회 1일차(8. 27)

대회 첫날이다. 대구의 중심 시가지를 달리는 여자마라톤 경기를 필두로 하여 남자 100m, 800m, 장대높이뛰기와 여자 원반던지기 등 열한 개 종목이 트랙과 필드에서 동시다발적으로 이루어지는 날이다.

대회를 준비하면서 국제육상경기연맹(IAAF)으로부터 과외를 빙자한 잔소리가 심했다. 대회운영 경험이 전혀 없고, 육상전문가가 부족한 육상의 불모지인 대구에서 대회를 치루는 터라 대회 첫날의 긴장감은 더했다.

"탕~!!!"

여자 마라톤 선수들이 시민들의 응원 속에 국채보상운동기념공원 앞에서 출발하였다. 출발 총성과 함께 5년여 동안 준비한 대단원의 막을 세계를 향해 열어 젖혔다. 대구 도심을 세 번 순환하는 루프코스를 통해 대구의 아름다운 도심을 알릴 수 있는 기회였다. 지형이 분지인 점과 베를린대회의 루프(Loop)방식의 코스가 대회의 흥행에 도움이 되었던 점을 감안한 코스였다.

대회는 첫 날부터 국제육상경기연맹과 세계의 주목을 받았다.

여자마라톤에서 꼴찌의 눈물이 대구와 대구사람들의 멋과 정을 알리는 큰 반향을 가져왔다. 카리브해의 작은 섬나라 이루바에서 꼬박 이틀을 비행기 안에서 보낸 끝에 참가한 샤리스카 빈테르달(여, 34세)의 이야기다. 그녀는 맨 먼저 골인한 선수보다 무려 1시간 20분 이상 늦은 3시간 49분48초로 골인을 했다. 끝까지 포기하지 않은 선수를 기다리며 격려와 박수를 보내는 대구시민들에게 눈물을 쏟으며 감사하는 모습이 지구촌으로 발신되었던 것이다.

"휴우~~"

오전경기가 마무리되었다. 경기국장(Paul Hardy)이 "Easy going"이라고 하였다는 연락이 왔다. 안도했다.

그 안도감도 잠시, 오후에 있을 개막식을 위한 공연소품에서부터 달을 매단 크레인, 음향장비들이 하나둘씩 자리 잡았다. 이어 리허설이 진행되었다. 단 일초의 허튼 짬도 허락되지 않는 순간의 연속이었다.

개막식 입장권은 일찍이 완전 매진되었다. 교통안내소의 교통소통과 입장객들의 소지품 검색과정에서의 혼란이 걱정되었지만, 지혜로운 시민 덕분에 한숨 놓았다. 관람석은 시민들의 기대만큼이나 일찍 꽉 찼다. 대회 공식주제가에 이어 국제육상경기연맹 회장과 대통령을 비롯한 귀빈들의 입장과 함께 개막식이 시작되었다.

개막식의 프로그램은 '육상과 대구, 대한민국, 세계의 꿈'을 향한 도전과 열정을 모음> 다듬> 깨움> 돋움> 띄움> 매김을 스토리로 완성하였다. 대회 시작을 알리는 다듬 영상과 돋움의 정신을 표현한 손기정 영상은 최고의 찬사를 받았다. '매김'의 스토리는 폐막식을 예고하는 여운을 남겼다. 관람석을 가득 차지한 관람객들의 응원에 힘입어 가장 한국적이면서도 아름다운 대구의 멋을 한껏 자랑하는 개막공연으로 대구대회의 성공적 예감은 유감없이 지구촌으로 퍼져나갔다.

"지구촌 80억 가족들에게 알립니다."

"대구에서 세계육상선수권대회가 막을 올렸습니다, 대구를 즐기세요."

첫 날 개막식을 무사히 마쳤다.

대중교통의 연장운행과 셔틀버스를 운영하였지만, 일시에 퇴장하는 시민들의 이용에 진땀을 빼기도 하였지만. 시민들의 무사귀가를 확인하고 상황실로 복귀를 하였다. 일일보고를 마치고 경사도가 심한 스타디움 4층 관람석 일부를 사석(死席) 처리하는 환경장식 설치작업을 했다.

날이 바뀌었다. 때를 놓친 탓인지 쉽게 잠이 들지 않았다. 간이침대의 만류를 뿌리치고 운동장으로 나왔다. 개막식을 마친 후, 트랙의 100m 출발선 앞에 섰다. 선수들의 안전을 위협할 수 있는 축포 잔해와 종이꽃가루의 흔적이 고스란히 남아 있었다.

문화행사부와 대행사의 전화번호를 번갈아가며 눌렀지만 불통이었다. 이튿날 아침까지도. 이른 새벽, 수성구청에 도움을 청했다. 갑작스런 부탁에도 구청에서 흔쾌히 인력과 장비를 지원해주었다. 지금도 고마운 마음이다. 진공청소기를 동원한 환경사의 수고 덕분에 국제육상경기연맹의 까칠한 경기국장(Paul Hardy)의 쓴 소리를 면할 수 있었다.

어떤 일을 하던 마무리를 하는 노력이 습관으로 이어질 때 갖는 아름다움을 생각하며.

(3) 대회 2일차(8. 28)

이번 대회 최고의 관심사 중 하나는 '과연 우사인 볼트(Usain Bolt)가 100m에서 금메달을 따느냐', '그가 자신의 세계기록을 경신할 수 있느냐' 였다.

그는 2008년 베이징올림픽에서 9.69로 금메달, 이어 2009년 베를린 세계육상대회에서 9.58이라는 경이적인 기록으로 우승하였다. 세상은 혜성같이 나타난 그를 통해 인간 능력의 한계를 가늠해 보기 시작했다.

1986년생, 신장 195cm, 체중 93.8kg, 100m 보폭 수 41.5회, 보폭 2m40, 보폭각 114° 등 그에 대한 데이터는 곧 '인간이 얼마나 빨리 달릴 수 있는가'에 대한 연구의 기초 자료가 되었다. 그만큼 그의 신체 조건은 100m 경주에 최적의 조건이었다. 일부 연구에서는 그가 유일한 약점인 출발 반응시간만 극복하면 9.35까지는 가능하다는 결과를 발표하기도 하였다. 비록 세계기록을 수립한 2009년 이후 계속 9.8대 기록을 보여주어 이미 하향기에 들어선 것이 아닌가 의심하는 시선이 없는 것은 아니었지만, 아직 만 25세의 젊은 나이고, 그는 큰 이벤트에 강한 '스타'가 아니었던가? 사람들의 시선이 그에게 쏠리는 것은 당연했다. 8월 16일 밤 대구공항에 그가 도착했을 때 모여든 그의 팬들과 기자들의 규모가 그것을 증명했다.

이번 대회 최고의 하이라이트 남자 100m 결승이 2일차인 8월 28일 저녁에 치러졌다. 5번 레인에 배정된 볼트가 가장 먼저 나와 조용히 준비를 한다. 곧이어 바로 옆 레인에 등장한 역시 자메이카의 요한 블레이크(Yohan Blake)와 긴장을 풀려는 듯 장난도 치고, 서로 격려도 하는 등의 쇼맨십을 보여준다.

드디어 8시45분. 스타트 총성과 함께 관중들의 기대는 일제히 탄식으로 변했다. 누가 보더라도 볼트가 먼저 출발했음을 알 수 있는 부정출발이었다. 자신도 화가 나는 듯 웃통을 벋고 괴성을 지른다. 이렇게 세계가 주목한 최고의 경기가 허무하게 끝이 났다. 자신의 약점을 극복해 보려는 부담감이 원인이었을 것이다. 볼트가 없는 무대에서 약관 22세의 블레이크가 9.92로 주인공이 되었다.

그러나 이번 대회에 있어 볼트의 존재 의미는 컸다. 그가 연습하는 경산 육상경기장이나 그가 움직이는 곳이면 어디든 많은 팬들과 취재진이 모여들었다. 입장권도 100m 결승전이 벌어지는 2일차 티켓이 가장 많이 팔렸고 최다 관중을 기록했다. 그는 한 해 전에 열린 대구국제육상대회에도 참가하여 대구 시민들과 친숙해졌고, 육상 붐 조성에도 크게 기여한 바 있다.

100m 실격 후에 치러진 200m와 400m 릴레이에서는 2관왕을 달성, 그나마 아쉬움을 달랠 수 있었다. 400m 릴레이에서는 대구 대회 유일의 세계기록을 수립하여 이번 대회의 체면을 세워주었다.

우사인 볼트는 이후에도 비록 자신의 세계기록을 경신하는 데는 실패했지만, 2012 런던올림픽, 2013 모스크바 세계육상, 2015 베이징 세계육상, 2016 리우올림픽에서 연속으로 100m, 200m, 400m 릴레이 3관왕을 달성하는 전무후무한 업적을 달성하고 2017년 은퇴하였다.

(4) 대회 3일차(8. 29)

서른을 훌쩍 넘긴, 카멀리타 지터(미국)가 칠전팔기(七顚八起)에 성공한 날이었다. 그녀는 2011대구세계육상선수권대회 홍보를 위해 대구국제육상경기대회에 출전하면서 시민들에게 낯익은 선수였다.

2004년 아테네 올림픽 때는 햄스트링 부상으로, 2007년 오사카 세계선수권대회에서는 동메달, 2008년 베이징 올림픽을 앞두고 미국대표 선발전에서 탈락했었다. 2009년 베를린 세계선수권대회에서도 동메달에 그쳤던 그녀가 대구세계육상선수권대회에서 금메달을 목에 걸었다.

결승선을 통과하고 "내가 해낸 거 맞아?"라며, 트랙에 입을 맞추며 감격의 눈물을 쏟아내는 모습에서 칠전팔기의 도전정신의 아름다움을 봤다.

"내년 '2012대구국제육상경기대회'에 또 참석할 것"이라며 대구와의 인연을 과시했다. 환하게 웃는 모습이 더 아름다웠다.

모든 상황이 긴박하게 돌아가는 대회기간 중에도 크고 작은 부서간의 갈등은 늘 있었다. 그 중에서도 미디어부와 경기부의 갈등이 가장 큰 골칫거리였다. 21세기 스포츠경기는 중계가 꽃이라는 미디어부의 입장과 선수들이 안전하고 원만한 경기운영이 먼저 전제되어야 한다는 입장의 대립은 긴장감을 감돌게 했다.

선수들이 경기를 마치고 통과하는 구역(공동취재구역, Mixed Zone)에서 취재편의와 선수들의 안전보호 간의 충돌이다. 경기를 마친 선수들이 TV 및 생방송 라디오 스태프들이 대기하고 있는 지정취재구역을 가장 먼저 통과하고, 이어 ENG카메라와 프레스 공동취재구역을 거치면서 경기소감 등에 관한 기자들의 질문에 답하는 형식으로 진행되었지만, 취재열기가 과열되면서 충돌을 가져왔다.

미디어부에 입장에 이해를 구하고, 선수들의 기자회견 주선으로 점차 안정화되었다. 그런 노력의 결과로 국제기자연맹(AIPS)에서 2011년도 국제대회 중 최고의 취재편의를 제공한 대회로 선정되는 영예를 안았다.

갈등은 언제, 어디서나 있을 수 있다. 다만 그것을 해결해 나가려는 과정속의 노력이 중요하다. 문제를 풀어가는 과정의 중요함을 한 번 더 깨닫는 소중한 경험이었다.

갑작스러운 블링크의 'Kiss me'가 경기장에 흘러나왔다. 대회연출의 이벤트행사의 하나였다. 선광판의 사막에 따라 관중들의 입맞춤과 댄스, 하이파이브 등이 다양하게 연출되었고, 이어 대형전광판에는 연인과 가족들이 입을 맞추는 모습들이 클로즈업 되었다. 외국인들과 하이파이브를 하고, 몸을 흔들며 춤을 추는 장면도 이어졌다. 선수들과 취재기자, 관중들 모두가 즐거워했다.

해외의 기자들은 세계육상선수권대회를 오랫동안 취재했지만 이런 인상적인 풍경은 처음이라며, 엄지를 치켜세웠다. 대회연출(Event Presentation)의 재치가 대회 분위기를 끌어올렸다.

이러한 대회 연출은 대구세계육상선수권대회가 최초였다고, 오랫동안 기억되고 회자(膾炙)되었으면 기대했다. 도전의 아름다움과 새로움의 재미로 즐거운 하루였다.

(5) 대회 4일차(8. 30)

하늘을 나는 미녀 스타, 옐레나 이신바예바(Yelena Isinbayeva, 러시아) 선수가 장대높이뛰기에서 6위로 메달획득에 실패하면서 장대를 놓았다. 데일리 프로그램의 표지모델이었던 그녀의 탈락으로 대구스타디움은 '스타들의 무덤'이라는 별칭을 받게 되었다. 대회성공을 위해 스타선수들을 표지인물로 사용하였는데 무어라고 말을 해야 하나. 신예들의 돌풍이라고 언론에서 주목해주었으면 하는 안타까운 마음이었다.

그녀는 장대높이뛰기 종목에서 올림픽에서 두 차례(2004, 2008년), 세계육상선수권대회에서 다섯 차례 우승한 세계기록 보유자이다. 2005년 장대높이뛰기 종목에서 여자 선수로는 처음으로 5m 벽을 넘은 그녀는 이 종목 실내와 실외 모두 세계기록을 보유하고 있는 선수인데. 내년 런던올림픽에서 화려한 부활의 날갯짓을 기대하며 응원했다.

또 이날은 최고령의 금메달리스트가 탄생한 날이기도 했다. 남자 해머던지기의 우승자인 모로후시가 주인공이다. 1938년 세계육상선수권대회대회가 시작된 이래 가장 나이가 많은 금메달리스트가 탄생한 것이었다. 무로후시 선수가 출생한 지 36년 319일만이라고 했다.

이들 선수들의 경기결과를 보면서 나를 들여다보는 짬을 냈다. 언제까지 나는 현역으로 생활할 수 있을까? 인간의 한계는 어디까지일까? 담대한 도전을 시작할 수 있겠다는 꿈을 그렸다. 그동안 마음속에만 간직하였던 박사과정에 도전하는 '2050'프로젝트를 실현해 나가는 첫발을 내딛는 꿈을 꾸었다.

(6) 대회 5일차(8. 31)

경기가 없는 날인데, 더 분주했다. 짬짬이 야경과 문화탐방, 골목투어를 한 선수들과 임원들의 뒷이야기가 입소문을 탔다. 팔공산 동화사의 사찰순례와 다도체험, 약령시의 한방체험이 인기였다. 짧은 시간에 체험과 문화탐방을 할 수 있어서였다.

갑작스러운 수요가 몰려 셔틀버스 운행을 위해 한바탕 법석을 떨었다. 미리 준비를 한 골목투어는 네 개 코스로 사전에 수요를 조사하여 운영하였고, 야경과 맛 투어도 준비를 했었지만, 선수들의 경기결과에 따라 참석은 들쭉날쭉했다.

셔틀버스에 오르지 못한 선수들은 스타디움에 모여 들었다. 동료선수들과 대구의 추억을 증거라도 남기기 위해 연신 카메라 셔터를 누르는가 하면, 한쪽에서는 한방체험과 안마서비스를 받았다. 대회마스코트인 '살비(Salbi)'를 안고, 티셔츠를 사 입으며 여유를 부렸다.

경기가 없는 날인데도 스타디움을 찾은 시민들은 육상체험관에서 가족과 친구들끼리 육상게임을 즐기기도 하고, 마켓 스트리트에서 전통음식을 사서 외국인들과 어울리는 모습들이었다.

부모의 손을 놓친 아이를 찾아주어야 하고, 번잡한 동성로에서 길을 잃고 헤매는 선수를 데려오기도 하는 분주한 하루였다. 경기가 없는 날이라 조금은 휴식을 취하면서 갈아입을 여벌의 옷도 가지러 집엘 다녀와야겠다는 생각은 엇나갔다.

온종일 분주한 일정이었지만, 시민들에게 오늘 일 좀 했다는 당당함이 우쭐거리게 했다. 기분 좋은 시간이었다.

(7) 대회 6~8일차(9. 1~3)

대회가 중반으로 접어들면서 높은 예매율을 보이며 입장권을 구하기 어려워지자, 암표상이 등장하였다는 신고가 심심찮게 접수되었다. 특히 빅 이벤트가 있는 날의 입장권은 두세 배의 가격에 거래된다고 하였다. 스타디움 지하통로에는 암표상들이 활개를 쳤다. 노골적으로 '표 삽니다'라는 종이 피켓을 들고 암표를 구하는 외국인도 있었다.

암표 거래 활동을 계도하기 위해 매일 현장을 돌아봤다. 일이 늘었지만, 암표 거래가 기분이 나쁘지 않았다. 왜일까?

"헛구역질이 올라왔지만 할 수 있다는 생각으로 버텼다."

국군체육부대 소속 박칠성 선수가 경보 50km에서 결승선을 통과하고, 태극기를 몸에 두르고 숨을 몰아쉬면서 쏟아 낸 말이었다.

3시간47분13초의 기록으로 7위를 하였지만, 한국신기록을 세운 그다. 경기 도중 16위까지 밀려났었다고 한다. 순간 "포기하고 싶다는 생각이 들었지만, 아내와 아이가 지켜보고 있어 완주했다."고 했다. 세상에서 아버지, 가장이라는 이름이 주는 힘의 근원을 또 한번 더 깨우쳐 준 박칠성 선수였다.

'대구의 땡볕 더위 속에서 치러진 경기가 얼마나 고통스러웠을까, 우리나라 선수로, 안방에서 열리는 대회에 진 부담이 얼마나 컸을까?'를 생각하는 순간 숙연해졌다. 힘들고 어렵다고 징징거리지 말자, 할 수 있는 일이기에 내게 주어졌음을 알지 않는가.

"볼트는 역시 번개!"라는 관중들의 찬사가 쏟아졌다.

대회 이튿날 100m 결승경기에서 충격적인 실격을 했던 그는 화려하게 재기를 하였다. 200m 결승에서 19초40이라는 기록으로 금메달을 차지한 볼트는 '번개 세리머니'를 선보이는가 싶더니, 신발을 벗어 관중석으로 집어던지는 화끈한 우승의 기쁨을 표출하였다. 관중들에게 대회마지막 날의 마지막 경기인 남자 400m계주 결승경기를 기대하라며.

볼트는 100m 결승에서의 실격으로 전세계에 대구대회를 알렸다. 그는 또 200m에서 금메달을 목에 걸면서 한 번 더 세계의 이목을 대구로 모아주었다. 대구세계육상선수권대회의 명실상부한 홍보대사로 역할을 톡톡히 해주었다.

대회 유치에서부터 지금까지 우여곡절과 아픔을 겪으면서 준비를 해왔었는데, 대회유치 목표를 조금은 이루었다는 생각에 힘이 솟았다. 힘들고 버거운 일이었지만, 그 일에 기쁨을 가질 수 있어 기쁜 하루였다. 내일도.

(8) 대회의 마지막 날(9. 4)

대회의 마지막 날이다. 국제육상경기연맹(IAAF) 라빈 니악(Lamine Diack) 회장을 비롯한 집행이사들과 대회조직위원장의 간절함에도 세계기록은 나지 않았다. '세계신기록이 수립되지 않는 대회로 기록을 남기는 것일까?' 하는 무거움이 찾아 든 저녁이었다.

"세계 신기록이다. World Record!"

환호소리가 종합상황실 옆, 귀빈실에서 울려 나왔다.

대회의 마지막 날, 마지막 경기인 남자 400m계주에서 세계신기록을 작성하였다. 우사인 볼트, 요한 블레이크, 마이클 프레이터, 네스타 카터, 자메이카의 머슴아들이 37초04로 해냈다. 그저 감사한 마음뿐이었다. 잠시 뒤에 있을 폐막식이 대구대회의 멋진 피날레로 대구의 시간을 수놓을 것이라는 생각을 하면서….

선수와 자원봉사들이 입장하면서 대구세계육상선수권대회 폐막식이 시작되었다. 개막식 프로그램에서 남겨 둔 '매김'을 통해 육상과 대구, 대한민국, 세계의 꿈을 향한 도전과 열정의 스토리를 완성하였다. 이어 남·여 400m 계주의 영상과 9일간의 하이라이트 영상을 보면서 9일 간의 여행추억을 가슴에 새겼다.

드디어 폐막을 알리며 국제육상경기연맹의 기(旗)가 내려져, 다음 개최도시인 모스크바로 인계되면서 대단원의 막을 내렸다.

"자박자박!"

관중들의 퇴장하는 발자국 소리를 들으며 피곤함을 느끼는 순간이었다. 시끌벅적한 소리와 함께 종합상황실의 문이 열렸다. 스타디움 내 식당을 운영하던 숙박부 동료들이 통닭을 들고 들어왔다. 안주삼아 한잔을 하려는 순간이었다. 열 명이 넘는 시민들이 상황실의 문을 밀었다. 순간 한잔 하려던 모습이 겸연쩍어 화들짝 놀란 표정이었다.

"9일간의 축제, 행복했었습니다."

"정말 수고 많으셨습니다."

"우리는 매일 왔어요, 너무 대구가 뿌듯해요."라며 한바탕 판을 펼쳤다.

한잔 같이 하자는 말에 피자만 내놓고 나갔다. '고맙다고, 모두가 여러분 덕분이다'라는 인사를 뒤로 한 채.

조용함도 잠시, 우리 대회성공을 자축하자며 분위기를 잡았다. 시원한 맥주 한잔에 한순간에 피로가 다 풀리는 것 같았다. 행복한 여정이었다.

순간처럼 느껴진 9일간의 시간이었다.

이제 종합기자회견을 마지막 공식일정으로 남겨두고 있었다.

공동조직위원장인 시장의 '대 시민 메시지'를 준비하였다. 국제육상경기연맹 회장과 조직위원장이 주재하는 대회브리핑 성격이었다.

세계의 스포츠계 지도자들의 극찬이 이어지는 순간에 감회가 벅찼다. 먼저 이 대회를 주관한 국제육상경기연맹(IAAF) 라민 디악 회장이 "대구대회가 성공적으로 끝나 행복하다. 육상의 재미를 보여준 모범 대회였다"라고 말한 데 이어 이듬해 열릴 런던올림픽조직위원장이며 국제육상경기연맹의 부회장인 세바스찬 코(Sebastian Coe)는 "이렇게 많은 관중이 선수들과 호흡을 맞춰 응원하는 것은 기적과 같다. 대구가 대회의 격을 한 단계 높였다."며 "대구의 모습과 정신을 런던으로 가져가고 싶다"고 하였다.

대구에 세계육상선수권대회 개최를 권유하였던, 자크 로게(Jacques Rogge) 전) IOC위원장은 극찬을 아끼지 않는 솔직함으로 대구시민들의 노고를 위로했다.

"이제까지 본 국제스포츠대회 중 가장 완벽하다. 세계에서 국제 스포츠를 가장 잘 치르는 세 나라가 한국과 독일, 캐나다."

이들의 평가도 중요하였지만, 대회를 함께 유치하고 준비해 온 시민들이 행복해 하는 모습이 세일 큰 기쁨이었다.

"행복한 축제였다."

"너무 감사하고 대구가 자랑스럽다."

5. 에필로그 - 대회를 마치고

대회를 마쳤다. 대회를 마친 후 공허함을 비집고 든 우울감이 괴롭혔다. 약물치료를 받으며 조직위원회 청산을 했다. 대회잉여금의 귀속절차를 위해 주무부처를 방문하였다가 문전박대를 당했다. 대회 예산을 고의로 부풀렸다고 했다. 조직위원장인 시장의 S전자에 후원받은 가전제품 등의 현물지원과 지역기업의 기부금 수입의 증가 등을 제시하였지만, 이해를 해주지 않았었다.

대회준비를 하면서 사소한 사무용품을 아끼는 것은 물론, 출장일정을 빠듯하게 잡아가며 예산절감을 위해 부단히도 애썼었다. 그러한 노력의 결과가 다르게 받아들여지는 것이 애석했다. 또한 대회준비가 마무리되는 시점에서 예산에 대한 정리가 필요하다는 건의가 묵살 당했던 터라 더 크게 속이 상했다.

청산이 이루어질 무렵, 대회백서에 버금가는 대회결과보고서를 발간하였다. 이를 토대로 대회백서 작성을 외주에 준다는 움직임에 황당하다며 이의를 제기하였다. 대회를 준비하고 치른 경험이 있는 조직위원회가 작성해야 한다고 주장을 했다. 결국 내가 시(市)로 복귀를 하지 못하고 남아 백서를 쓰게 되었다. 한 줄 한 줄 써 내려가는 기록들 속에서 그간의 우여곡절의 날줄과 기쁨과 즐거움의 씨줄을 엮어내는 소중한 추억을 가질 수 있었다.

내용에 맞는 사진자료들을 일일이 찾아 정리의 도움을 준 동료들과 편집자들의 수고가 없었더라면 해낼 수 없었다. 석 달이 넘는 긴 시간에 걸쳐 팔백여 쪽의 백서를 썼다. 마무리하는 순간에 자신들의 이름을 남겨 달라는 해프닝도 있었다.

대회유치위원회와 대회조직위원회에서 기획조정 업무를 총괄하고, 조직위원회 청산을 마무리하며 오미(五味)보다도 더 다양한 각가지의 맛을 골고루 볼 수 있었던 행복한 여정이었다. 세계 속에 우뚝 선 대구를 위해 기여할 수 있어서 더욱 소중한 시간이었다. 내가 이 일을 할 수 있도록 기회를 준 시민과 시장님과 소중한 자료들을 챙겨주고 국제육상경기연맹 관계자들과의 관계형성에 도움을 주신 박정기 집행이사께 특별히 감사드린다.

제3부

2011 대구 세계육상대회를 회고하며

- **세자르 모레노 브라보**
  대구세계육상선수권대회 기술대표 · 전 집행이사
- **한스요르그 위르츠**
  국제육상연맹 명예 집행이사 · 유럽육상연맹 명예회장
- **다나카 가스유키**
  전 국제육상연맹 집행이사
- **피에르 바이스**
  전 IAAF 사무총장
- **사쿠라이 고지**
  전 일본육상연맹 전무이사 · 전 아시아육상연맹 부회장

2011 대구 세계육상대회 회고

세자르 모레노 브라보
전 IAAF 집행이사 · 2011 대구 세계육상선수권대회 기술대표

2003년 초였다. 나의 절친한 친구 '로키' 박정기 IAAF 집행이사가 나에게 자신의 고향인 대구에서 IAAF 세계육상선수권대회를 개최하는 것이 자신의 꿈이라고 분명히 말했다. 그러나 로키는 대구가 육상 문화가 아직 발달하지 않아 불가능하다는 것을 알고 있기에 어려운 일이라고 말했다.

그러나 곧 나는 로키가 이미 선수권대회 유치 준비를 하고 있었다는 것을 알았다. 2005년에 Colourful 대구국제초청대회를 개최하였고, 그 대회는 해를 거듭할수록 성공적인 대회로 진행되었다.

나는 그 대회에 두 차례나 참석할 수 있는 특권을 누렸다. 나는 그 대회에서 큰 규모의 대회 참가 경험이 부족한 한국의 젊은 육상선수들이 최고의 기량을 보여주기 위해 최선을 다하는 모습을 보면서 그들의 위대한 잠재력을 보았다. 그래서 나는 나 자신에게 "왜 안돼?"라고 스스로 반문했고, 로키의 꿈은 곧 나의 꿈이 되었다.

로키는 2006년 6월까지 대구시장을 역임했던 조해녕 시장으로부터 긍정적이며, 매우 열정적인 반응을 들었다. 그리고 후임자인 김범일 시장이 공식적으로 유치 후보지로 대구의 이름을 올렸고, 우리는 동료들을

설득하는 일을 시작했다.

2007년 3월 27일 케냐 몸바사에서 개최된 IAAF 집행이사회에서 2011년 세계육상선수권대회 개최 도시가 결정된다. IAAF 집행이사회 이사 27명의 직접 투표로 결정되며, 각 위원은 1개의 표를 행사할 수가 있다.

2004년 4월까지 미국, 한국, 오스트레일리아, 스웨덴, 스페인, 러시아, 아랍에미리트, 크로아티아, 모로코 등 9개국이 대회 개최 의사를 밝혔다. 그러나 몸바사 회의에서는 4개 후보 도시, 즉 바르셀로나, 모스크바, 브리즈번 그리고 대구로 압축되었다. 4개 도시에서 모두 IAAF 집행이사회 위원이 있었기에 우리는 23명의 위원을 설득하는 데 집중했다.

대구는 과반수 이상의 득표로 2011년 세계육상선수권대회 개최지로 선정되었다.

대회 준비가 시작되었고 우리는 유치 시 약속했던 모든 일들을 행동으로 옮기고 조직을 만들어야 했다.

나는 3명의 기술대표 중 한 명으로 임명되어 너무 기뻤다. 기술대표로서 대구 세계육상선수권대회 운영을 준비하는 데 있어서 도움을 줄 수 있어서다.

나와 함께 기술대표를 맡은 다른 두 사람은 정말 훌륭한 사람들이었다. 2000년 시드니 올림픽경기대회 육상 종목 총책임자를 역임한 오스트레일리아의 빌 베일리와 2008년 베이징 올림픽경기대회 육상 종목 총책임자였던 중국의 센슌더(沈純德)가 그들이었다. 우리 3명은 완벽한 팀워크를 만들었다!

우리 기술대표는 주어진 임무와 절차에 따라 각자 맡은 임무를 상호협력하며 실행했다. 내가 맡은 임무는 기술임원들의 운영준비를 전체적으

▲ 2011 대구 세계육상선수권대회 기술대표 세자르 모레노 브라보(앞줄 왼쪽)

로 감독하는 것이었다. 대구 홍보캠페인에 따라, IAAF의 특별한 도움이 필요하다는 것을 인지하고 책임감을 갖고 계획을 세웠다.

현행 규정에 따르면 기술대표의 방문 횟수는 1인당 3회로 제한되어 있었지만, LOC와 IAAF의 협의에 따라 LOC가 필요하다고 인정하는 방문을 모두 할 수 있었다.

대구를 처음 방문했을 때부터 나는 함께 일하는 사람들 모두 성품이 너무 좋고 적극적으로 지원을 아끼지 않는다는 것을 알았다. 그 중에서도 3명에 대해 말하고 싶다. 그들의 지원이 없었다면 대회의 성공을 논할 수 없었을 것이다.

먼저, 내가 방문할 때마나 안내해주고 방문하는 많은 장소에서 필요한 모든 것을 다 준비해준 김준 씨이다. 김준 씨는 나의 LOC 연락담당관이었다. 다음은 구본칠 교수이다. 그는 IAAF 강사의 위치에 올랐고 국내

기술심판 강습회에서 강의를 했다. 마지막으로 LOC의 문동후 부위원장 겸 사무총장이다. 그는 일부 설정된 예산을 초과했지만 제안한 모든 것을 승인해주었다.

구본칠 교수는 전 강좌에서 강사의 임무를 수행했다. 나는 강의내용만 통합했다. 구교수가 강의를 하는 동안, 통역이 구교수의 말, 생각 등을 통역해주었고, 나는 강의 내용에 추가 설명할 수 있는 기회를 가졌고, 더 나은 강의를 위해 예시를 제공하기도 했다. 그의 강의에 대한 수정은 한 번도 하지 않았다. 그리고 같은 방식으로 참가자들에 대한 평가를 했다.

얼마 지나지 않아 나는 함께 일한 임원들이 필요한 지식을 갖고 있다는 것을 알았지만, 그들에게 필요한 것은 그들 자신에 대한 더 큰 자신감이라는 것을 깨달았다. 국제대회 경험이 없었기 때문에 너무 당연한 일이었다.

우리는 같은 해 베를린에서 열리는 세계육상선수권대회에 NTO(국내기술임원)를 참가시켜 그들의 경험을 분석하고 전달하기로 결정했다. 문동후 사무총장은 이러한 계획을 승인해주었다.

독일 기술임원이 어떻게 일을 하는지 주의 깊게 관찰하고, 그것을 한국 NTO에게 그들의 경험을 전수해 달라고 요청했다. 그런 다음 업무 개선을 위해서 해야 할 일을 면밀하게 분석해 달라고 하였다.

한국 NTO는 다음과 같은 업무지시를 받았다. 즉, 여러분은 세계에서 가장 경험이 풍부한 육상심판의 일을 목격하게 될 것이다. 독일 기술임원의 작업 방식을 각 해당 영역에서 주의 깊게 관찰하고 기록한다. 귀국하면 관찰한 내용을 그룹에 전송하고 베를린에서 본 것을 개선하는 방법에 대해 함께 토론한다.

독일 조직위원회와 IAAF는 모든 필요한 지원을 아끼지 않았고, 한국 NTO들은 자신의 분야를 관찰하고 저녁에 모여 관찰한 것에 대해 토론

하면서 각자의 미션을 완전히 수행할 수 있었다.

한번은 대구에 갔을 때 나는 독일을 방문한 그룹의 관찰력과 조치 능력의 깊이에 깊은 인상을 받았다. 그들은 실제로 개선할 수 있는 몇 가지 조치방안을 찾았다.

문 사무총장에게 결과를 보고하면서, 독일심판들만 모델로 삼는 것은 충분하지 않다고 생각한다는 우려를 표명했다. 한국 심판들이 자신만의 스타일을 발전시키려면 최소한 또 다른 하나의 참고할 모델이 있어야 했다.

그래서 나는 다른 접근 방식으로 임원을 관리하고 있는 최고 수준의 대회에 다시 한번 참석하자고 제안했다. 나는 2010년 여름 스페인 바르셀로나에서 열리는 유럽선수권대회를 제안했다. 우리는 유럽육상연맹의 전폭적인 지원을 받았다. 한국에서 간 NTO들은 모든 세부 사항을 주의 깊게 관찰할 수 있었고 베를린에서와 유사한 결과를 얻었다.

사실 2010년에 IAAF에서는 나에게 대구 세계육상선수권대회에서 스타터 임무를 수행할 유럽심판을 선발하라는 요청을 받았다. 나는 대신 한국 스타터를 교육할 최고 수준의 유럽 스타터 강사를 선발했다. 대구 세계육상선수권대회 당시, 한국 스타터는 당시 영국인 강사 앨런 벨(Allan Bell)의 지원 덕분에 세계 최고 중 하나가 되었다.

2011년 8월 27일부터 9월 4일까지 9일 동안 대회는 어떠한 중단도없이 아주 순조롭게 진행되었다. 경기가 지연되거나 사고 하나 없었다. 경기장 또는 텔레비전 앞에서 관중들은 오직 선수들의 경기만을 즐길 수 있었다.

대회가 끝난 후 참가선수와 감독들에게 대회 진행에 대한 의견을 물었는데 부정적인 의견을 하나도 듣지를 못했다. 대신 대회운영 및 시설, 선수촌 등에서 매우 긍정적인 반응을 보였다.

나는 대구 세계육상선수권대회 운영의 한 부분에서 일할 수 있었던 것이 매우 자랑스럽고 뿌듯하다. 무엇보다도, 이런 위대하고 훌륭한 경험담을 함께 공유할 수 있는 한국 친구, 로키가 있다는 것이 무척 자랑스럽다. ♧

Reflections on Daegu 2011

César Moreno Bravo
TD, 2011 Daegu WCH

It was early 2003 when my dear friend, IAAF Council colleague Jung-Ki Park, "Rocky" told me that he would like his birthplace, the city of Daegu in Korea, to be able to host an IAAF world championship. This is my dream, he assured. But he said so with some unease… This would never be possible because in Daegu a culture of athletics has not been able to be developed yet. However, very soon I realized that Rocky was already working on it, because already in 2005, he organized an international event named Colourful Daegu Championships Meeting, with more and more success every one of the following years.

I felt privileged to be able to attend two of its first editions, in which I perceived the great potential of young Koreans doing their best to present a great athletic event, despite their obvious lack of experience in events of this magnitude. So, I said to myself, why not? And I made Rocky's dream my own dream.

Rocky had a not only positive but a very enthusiastic response from Daegu's mayors, Mr. Hae-Nyung Cho till June 2006, and then after his successor, Mr. Bum-Il Kim, so the candidacy was made official, and we began the work trying to convince our colleagues.

The choice of the host city for the 2011 Championships would be made at the IAAF Council Meeting scheduled for Mombasa on March 27, 2007. The election would be decided by direct vote of the twenty-seven members of the Council. Each Council Member had one vote.

By April 2004 nine countries had announced their desire to organize the event: USA, South Korea, Australia, Sweden, Spain, Russia, the United Arab Emirates, Croatia and Morocco. However, once in Mombasa, there were only to four candidates: Barcelona, Moscow, Brisbane and Daegu. All four cities were represented on the IAAF Council, so we had to concentrate our efforts on convincing the 23 uncommitted members.

Daegu was elected, to host the 2011 World Championships by majority vote.

Now the real work began, as we had to turn into action and facts all the good wishes and promises made.

I had the enormous satisfaction of being appointed one of the three technical delegates. This way I would have better ways of helping the organisation of the championship.

More important, my two colleagues, the other technical delegates were of the greatest value: Bill Bailey, from Australia, director of the athletic competition of the Sydney 2000 Olympic Games, and Shen Chunde, director of the athletics competition of the 2008 Olympic Games. I could not have better companions and support; we made a perfect teamwork!

Following the normal procedures, the technical delegates distribute the functions that correspond to each of us. I chose the responsibility of supervising the preparation of the technical officers. I considered that it was my responsibility, according to the campaign in which I participated promoting Daegu, knowing that I needed special help from the IAAF. I set out to be that help.

According to the regulations in force, the number of visits of the Technical Delegates was limited to three per delegate, but by arrangement between the LOC and the IAAF I was able to make all the visits that the LOC deemed necessary.

From my first visit I found the absolute support and good disposition of all the people with whom I had dealings.

I must particularly mention three of them, without whose support, the success of the championship would not have been possible.

In the first place, Jun KIM, who was the person who received me and made sure that I had everything I needed in each of my multiple visits. He was also my liaison with the LOC. Professor Bon-chil KOO, who had reached the rank of Instructor by the IAAF and who was the one who imparted every one of the Courses for the National Technical Officials. Last but not least, I must mention Mr. Dong-Hoo MOON, Vice President and Secretary General of the LOC, who approved all the proposals that were presented to him, although some exceeded the established budget.

As I said before, Professor Koo taught all the courses. I only integrated the content of the course. During his presentations, an interpreter translated for me what Professor Koo said… the ideas. not the words, and I had the opportunity to expand, illustrate or correct (what never happened) or give examples that better illustrate his presentation. And in the same way we managed the evaluations to the participants.

Very soon I realized that the officers we worked with had the necessary knowledge, but what was needed was for them to have more confidence in themselves. This was natural due to their lack of international exposure.

That is why we decided to select the NTO's that we consider suitable to analyse and transmit their experiences, in order to attend the World Athletics Championships that would be held that same year in Berlin. Mr. Moon approved the project.

The instructions the received was: You will carefully observe how the German Technical Officials work and bring to our Korean NTO's your experience. Then carefully analyse what can be done in order to improve

The instructions they received: You will witness the work of some of the most experienced athletic judges in the world. Carefully observe, and document, each one in his / her corresponding area, how the German technical officials' work. Upon your return you will transmit your observations to the group and, together, you will discuss how to improve what they saw in Berlin.

The German Organizing Committee and the IAAF gave us all the necessary support and the Korean visitors were able to fully fulfil their mission, each one separately, observing what was theirs and, in the evening, discussing what they had observed.

Once in Daegu I was impressed with the depth of their observations and the reaction of the group. They indeed found several actions that they could improve.

In reporting the results to Mr. Moon, I expressed my concern that I did not consider it sufficient to model only the work of the German judges. In order that our Korean officers could develop their own style, they had to have at least one other reference.

That is why I proposed that they once again attend a highest-level event, now managed by officials with different approach. I proposed the European Championship to be held in the summer of 2010 in the city of Barcelona, Spain

We had full support from the European Athletics Association. Our Korean visitors were able to carefully observe all details, and we had the similar results as those from Berlin.

In fact, in 2010 I was asked, at the IAAF, to select the European Starters who were to perform in Daegu. Instead, I selected the best starter instructor in Europe to train the Korean starters. At the time of the Championship, the Korean starters would be among the best in the world, thanks to the support of Allan Bell, the British instructor.

During the nine days, from August 27 to September 4, the competition ran very smoothly and without any interruption. There were no incidents or delays in the program, and the attention of the public in the stadium or in front of the television, only enjoyed the performance of the athletes.

When the Championship ended, I sought, among the participating athletes and managers, their opinion on the conduct of the competition. I did not havc a single negative opinion. Instead, I received a lot of positive reactions regarding the handling of the competition, the facilities, the Athletes' Village.

I felt very proud and privileged to have had the opportunity to be part of this organization. Above all, I was very proud of my Korean friends with whom I shared this wonderful experience. ♧

2011 대구세계육상대회 10주년에 붙여

한스요르그 위르츠

국제육상연맹 명예집행이사 · 유럽육상연맹 명예회장

대구세계육상경기대회를 환상적으로 치른 지 10년이 지났다. 당시 우리는 수많은 위대한 순간들을 경험했으며, 또한 수많은 가치 있는 상황들을 지켜보았고 좋은 추억을 만들었다. 그 중 몇 가지 요소들은 미래에 가치 있는 기여를 했고, 긍정적이며 지속적인 효과를 만들어 냈다.

우리는 대한육상연맹과 대구시 및 조직위원회의 헌신과 대구시민들의 기여에 감사드린다. 세계육상대회 개최와 대구 체류는 특별한 기회였고 즐거웠으며, 오랫동안 지속될 열정과 감사한 마음을 갖게 했다.

기획단계에서 우리는 이미 세계 대회에 특별히 장기적인 위상을 높이기 위한 훌륭한 의지를 느꼈다. 참가 국가들의 수용 과정은 올림픽 선수촌의 모델에 따라 기획되었고 시행되었다. 선수촌도 새로 건립되었다. 세계대회가 끝난 후에 전 육상인 거주시설은 계속 사용될 수 있도록 전환되어, 수익 관점에서 그리고 지속적인 방식으로 높은 투자를 유지했다. 이는 높게 인정되는 모범적인 조치였다.

도시 외곽의 기존의 스타디움은 세계대회의 요구사항들에 맞게 개조되었고 적용되었으며 모범적인 대규모 대회에 필요한 사항들을 보강했다. 여기에는 대규모 행사에 필요한 훈련장과 준비운동장 및 기타 시설들이 포함되었다. 또한 가능한 한 이러한 것들이 계속 유지되도록 하기 위한 노력들이 경주되었다.

육상 가족과 언론인, 텔레비전 팀과 수많은 관련 조직들을 위한 호텔 시설들이 대구시의 중심부에 준비되었다. 아울러 세계선수권대회에는 세계의 수많은 나라들의 사람들이 참가하였다. 이러한 다양한 집단들을 한 자리에 모이게 한 것은 경제적인 측면에서 매우 중요했으며, 종종 장기적인 관계를 유지시킨 '모두 함께'라는 공통적인 감정을 만들어 냈다.

대구 주변지역에서 접한 다양한 문화적인 기회 그리고 그러한 경험들을 통해 얻은 것들은 매우 가치 있는 것들이었으며, 대구시와 인연을 맺게 했다. 이러한 기회를 부여한 것은 매우 흥미 있었고, 개최지에 대해 정신적으로 그리고 장기적으로 긍정적인 느낌을 갖게 했다.

모든 다양한 분야의 행사요원들의 친절과 헌신은 모범적이었다. 주요 행사의 한 부분인 적극적인 지원과 더불어 자발적인 도움 그리고 즐거움은 모범적이었다. 이것은 행사를 높이 평가하게 했고 감사한 마음을 갖게 했다.

대구에서 개최된 세계육상대회에서 얻은 지금까지 언급한 가치들, 그리고 표현하지 않은 여러가지 긍정적인 경험들은 10주년을 넘어 지속적으로 장기적이며 긍적적인 효과를 줄 것이다.

따라서 이것은 주요 대회를 개최할 여러 나라들에게 중요한 요소이다. 이러한 조건하에서 재정적인 그리고 조직적인 요구사항들을 위한 전제

조건들이 모든 분야에서 필요한 질적 수준을 보장하기 위해 충족되어야 한다.

대구세계육상경기대회는 높은 기대를 충족시켰으며 높이 평가될 가치가 있다. 대구 육상대회의 계획에서 창출된 대부분의 가치들은 10년 후에도 유지될 것이다.

이 모든 것들에 대해 축하하며 감사하게 생각한다. ♧

10th anniversary of 2011 World Championships of Athletics in Daegu

Hansjörg Wirz

Honarary Council Member, IAAF · Honarary President, EAA

10 years have passed since we were able to enjoy a fantastic time in Daegu at the World Athletics Championships. We experienced a lot of great moments in those days and enjoyed many valuable happenings and wonderful memories. Some of those elements had a formative value for the future and triggered a positive and lasting effect.

We are grateful for the outstanding commitment of the Korean Athletics Association, the City of Daegu, the Organization Committee as well as the contribution from the population of the region. The implementation of the Athletic World Championships and the stay in Daegu was a unique opportunity which produced joyful, long-term enthusiasm and gratitude.

Already during the planning, we felt that there was great willingness to give the World Championships a special long-term status. The accommodation for the participating nations was planned and realized according to the model of the Olympic Games village. A newly created athletes' village was built. After the World Championships, the entire complex of the athletes' accommodation was converted into a residential area to continue using the high investments in a profitable and sustainable manner. This was one of the exemplary measures that produced a high level of recognition.

The existing stadium outside the city center was renovated and adapted to the requirements for the World Championships and supplemented with the necessary elements for an exemplary large-scale event. This included the training and warm-up areas as well as all the other facilities which were necessary for such a large event. Also here, sustainability was striven for as much as possible.

In the center of the city, hotel accommodations were organized for the athletics family, media workers, television teams as well as numerous other necessary forces. In addition, visitors of the World Championships came from numerous countries around the world. The integration of these various groups had a high importance for economic reasons and created a common feeling of "all together" which led often to long-term relationships.

The diverse cultural opportunities in the area around Daegu and the values that arose from them, were highly valued and created ties to the city. The offer was very interesting and created a mental and long-term positive feeling towards the venue.

The friendliness and the great dedication of the people on duty in all the different areas was exemplary. The willingness to help and the joy being part of this major event as well as the readiness to provide support was extraordinary. This behavior led to great recognition and gratitude.

All these listed values and numerous unmentioned positive experiences created by the World Athletics Championships in Daegu will continue to have a long-lasting positive effect even over a 10-year period.

It is therefore an important element for countries to organize major events. Under the condition that the prerequisites for the financial and organizational requirements are met to secure the necessary quality level in all fields.

The World Athletics Championships in Daegu have met the great expectations and deserve a big compliment. Most values created by the Championships project still exist after 10 years.

Congratulations and thank you for everything. ♧

2011년 대구 세계육상대회와 나의 추억

다나카 가스유키
전 IAAF 집행이사

세월은 유수 같다. 금년은 2011년 대구 국제육상대회 개최 10주년이다. 나는 그 대회가 육상 역사에서 가장 성공적인 세계대회 중 하나라고 생각한다. 대구시가 2011년 세계 육상대회의 개최지로 선정된 것은 2007년 3월 케냐의 몸바사에서 열린 국제육상연맹의 집행이사회의애서였다. 그 당시 나는 아직 국제육상연맹의 집행이사는 아니었다. 나는 국제육상연맹 회의 직후 개최된 세계 크로스컨트리 경기를 관전하기 위해 몸바사에 머물고 있었다. 많은 육상 관계자들과 언론인들이 한국에서 왔다. 2011년 육상대회 개최 도시가 대구로 결정되자 많은 사람들이 매우 기뻐했고 나는 한국 언론이 그 결정에 관해 내게 한마디 해 줄 것을 요청한 것을 기억한다.

처음에는 우려와 의심이 있었다. 그러한 우려는 세계대회가 한국의 한 지방에서 개최되면 충분히 관중을 확보할 수 있을 것인가, 수용 시설이 충분한가, 서울에서 대구까지 교통 수단이 충분한가 등이었다. 그러나 2011년 대구대회가 끝났을 때 모든 이들이 그러한 우려와 의심은 근거 없는 것이라고 인식했고 이에 동의했다. 대구대회는 좋은 날씨의 축복을 받았으며 많은 관중이 관람했고 육상선수들의 높은 기량과 잊을 수 없는 한국인들의 환대를 기억할 수 있는 행사였다.

나는 다음과 같이 대구 대회에 관한 나의 기억을 피력해 보겠다.

2005년 7월에 대구시가 세계육상대회의 후보지로 등록하려고 한다는 것을 알게 되었다. 전 외무부장관인 유종하씨가 세계육상대회 유치위원회 위원장으로 다른 위원들과 함께 도쿄를 방문했으며, 일본 육상연맹 간부들과 회의를 개최했다. 나는 불과 한 달 전에 일본육상연맹의 임원이 되었지만 그 회의에 참석했다. 그 회의에서 내가 기억하는 특별한 한 가지는 한국 측이 일본 측에 2011년과 2013년 가운데 어느 대회가 대구시에 적합한지를 문의한 것이다. 일본 측의 대답은 2013년이었다. 그 이유는 유럽이 육상대회에 가장 인기 있는 지역이라는 점 때문이다. 그때까지의 세계육상대회 개최지를 살펴보면 유럽에서 최소 연속 2차례의 대회가 열린 후에 다른 지역에서 개최되었다. 세계육상대회는 오사카에서 2007년에 개최될 예정이며 2009년의 대회는 베를린에서 개최된다. 이것은 2011년 대회 개최지가 유럽의 도시가 될 것이라는 뜻이다. 따라서 우리는 2013년이 대구시가 개최하기에 더 좋다고 생각했다. 그러나 일은 그렇게 전개되지 않았다. 일본 측의 예측은 틀렸다. 몸바사의 회의에서의 일은 국제육상연맹 위원인 박정기 위원과 대구 유치위원회의 관리들과 한국 육상연맹의 노력 때문이었다.

나는 과거에 세계육상대회의 조직위원회에 두 사람의 위원장이 있다는 것을 들어보지 못했다. 그러나 대구시장 김범일씨와 조해녕씨가 대구 세계육상대회 조직 위원회의 공동 위원장이었다. 나는 그 이유를 모른다. 이유가 어찌되었든 처음 볼 때부터 전혀 개성이 다른 두 공동원원장의 잘 분배되었고 협조된 업무는 국제육상연맹 위원들에게 안전하고 믿음이 가는 느낌을 주었다. 사무총장 및 부회장을 맡은 문동후 씨의 활동

▲ 다나카 가스유키 집행이사 부부(왼쪽), 그 오른쪽은 피에르 바이스 IAAF 사무총장.

도 인상적이었다.

조직위원회의 책임자는 집행이사회에 진행보고서를 제출해야 하며 위원들이 제기한 질의에 대답을 해야 한다. 나는 우리가 제기한 모든 문제에 관해 성실하고 겸손한 태도 그리고 정직하고 참을성 있게 대답한 데에 깊은 인상을 받았다.

대구국제육상대회에 관해 가장 기억에 남는 것은 남자 100m 결승에서 우사인 볼트가 부정 출발로 실격처리된 것이다. 아무도 예측하지 못했기 때문에 그 순간에 큰 함성이 경기장 전체에 퍼졌다. 우사인 볼트는 자신을 통제할 수 없는 것처럼 보였고 유니폼을 던지고 셔츠를 벗은 채로 경기장을 떠났다. 대구대회는 국제육상대회의 출발 실격이 처음으로 적용된 대회였다. 이 규정은 국제육상연맹의 해당 위원회의 지칠 정도로 시간을 끌면서 토의를 통해 결정된 것이다. 나는 우사인 볼트가 결격에 관해 어떻게 반응할 것인가에 관심을 가졌다. 언론 보도에 따르면 그는 결격 발표 후에 즉시 생각할 수 있는 시간이 필요했다고 말했으며, 다음 날 "과거에 매달리는 것은 의미가 없으며 남아있는 200m와 400m에 최선을 다 하겠다"고 말했다. 그는 새로 적용된 출발 실격에 관해 비판적인 언급을 하지 않았다. 이를 알고 난 후에 우리는 안심했다. 그 당시 새 규정에 관해 그가 비판하지 않은 태도를 보인 것은 세계에 새로운 출발 실격 규정을 신속하게 확립하는 데 기여했다고 믿는다.

반면, 좋은 면에서 나를 놀라게 한 것은 스타디움이 매일 거의 만석이었다는 것이다. 2007 오사카 세계육상대회에서 큰 어려움은 관중 동원이었다. 따라서 대구 스타디움이 모든 연령대의 남녀로 가득 찬 것은 보기 좋았다. 나는 대구 조직위가 보여준 노력을 높이 평가했으며 동시에 부러웠다. 대규모의 관중의 열정과 흥분은 직접적으로 참가 선수들에게 전달되어 선수들의 기량을 높였고 이는 관객들의 열정과 흥분을 더욱 고조시켰다. 나는 대구세계 육상대회가 선수와 관중 간의 선순환을 만들어 내는 데에 성공한 좋은 예라고 생각한다.

대구육상대회에서 일본이 획득한 유일한 메달은 무로후시 고지가 해머던지기에서 딴 금메달이었다. 대구 세계육상경기 당시 일본은 동일본 대지진의 여파와 뒤이은 쓰나미로 인한 원자력발전소 사고로 고통을 받고 있던 때였다. 국제육상연맹 회장 라민 디악은 대구 육상대회를 기회로 25만달러 수표를 지진과 해일의 피해 복구를 위한 기부금으로 일본육상연맹 회장인 고노 요헤이(河野洋平) 씨에게 전달했다. 한편 디악 회장이 참여한 가운데 무로후시 고지에게는 스포츠를 통한 지진 피해자 지원 활동으로 국제 페어플레이 위원회 상이 수여되었다. 비록 일본의 유일한 금메달이었지만 국제 육상 공동체가 일본에 보여준 따뜻한 지원에 보답한 상징이라고 생각하며 아울러 그것은 일본인들의 사기를 고무시키고 북돋은 메달이었다.

끝으로 약간 쓰라린 기억에 관해 말하자면 대구 국제육상대회 직전에 개최된 국제육상연맹 회의에서 연맹 위원 선출을 위한 전자 투표 시스템이 작동되지 않아 수작업으로 진행되었다. 결과적으로 통상 2시간 걸린 투표가 2일 이상 지연되었다. 그러나 전자 투표 시스템의 오작동은 국제육상연맹의 내부 관리 문제였고, 대구 조직위나 대구대회와는 무관한 것이었다. 따라서 처음에 언급한 바와 마찬가지로 나는 대구 대회는 가장 성공적인 세계육상대회 중 하나라는 믿음에 변함이 없다.

한국육상진흥회가 2011년 대구세계육상대회에 관한 회고록을 출판하게 된 것을 축하한다!♧

The World Athletics Championships Daegu 2011 and my memories

Katsuyuki Tanaka
Former IAAF Council member

Time flies. This year marks the 10thanniversary of the 2011 Daegu World Athletics Championships, which I consider to be one of the most successful World Championships in Athletics history. It was at the Council meeting of the International Association of the Athletics Federations(IAAF) held in March 2007 in Mombasa, Kenya when Daegu was chosen as the venue for the 2011 World Athletics Championships. Although I was not yet a Council member of the IAAF at that time, I was staying in Mombasa to observe the World Cross Country Championships held immediately after the IAAF Council meeting. Many athletic officials and massmedia people came from Korea. Everyone was very pleased that the host city for 2011 Championships was decided to be Daegu, and I remember well that the Korean media asked me to comment on the decision taken.

There were concerns and doubts at the beginning, about whether holding the World Championships in a local city in South Korea would attract enough spectators, whether there were enough reception facilities and whether transportation from Seoul to Daegu would be sufficient. However, when the 2011 Daegu Championships were over, everybody realized and agreed that all of those concerns and doubts were proved to be unfounded. The Daegu Championships became an extremely memorable event, blessed with good weather, a large number of spectators, the high performance of athletes and unforgettable Korean hospitality.

I will spell out some of my personal memories on the Daegu Championships in a following way:

It was in July 2005 that I learned Daegu was trying to run as a candidate city for the World Athletics Championships (WAC). Mr. Chong Ha Yoo (Former Foreign Minister) came to Tokyo as President of the IAAF World Championships Bidding Committee with other members and a meeting was held with the executives of the Japan Association of Athletics Federations (JAAF). I also attended this meeting, even though I became a Board member of JAAF just a month earlier. One particular thing that I remember at this meeting was that the Korean side asked us which Championships year, between 2011 and 2013, would be better for Daegu. The Japanese answer was "The 2013 Championships would be better, the reason being that Europe is the most popular region in athletics, and looking at the host venues of the Word Athletics Championships so far, it has been held at least twice in a row in Europe and then in other regions. The WAC 2007 will be held in Osaka and the WAC 2009 is to be held in Berlin. This means that the host venue for WAC 2011 should be a city in Europe. Therefore, we think that the WAC 2013 would be better for Daegu to host"

But things did not go that way. The reading of the Japanese side was wrong. What made it happen in the Council meeting at Mombasa was simply all of the great efforts made by Mr. Park (a IAAF Council member) and officials of the Daegu Bidding Committee and the Korean Athletic Association.

I have never heard of two presidents on the Organizing Committee in the past WACs. However, Mr. Bum-IL Kim (Mayor of Daegu City) and Mr. Hae-Nyoung Cho were Co-Presidents of the Organizing Committee of Daegu WAC. I don't know the reason. Whatever the reason, the well shared and coordinated work of two Co-Presidents who seem to have completely different personalities at first glance gave us (IAAF Council members) a great sense of security and trust. The activity of Mr. Dong Hoo Moon who served as secretary general and vice president was also impressive.

The responsible person of the Organizing Committee must submit a Progress Report to the Council and answer questions raised by Council members. I was very much impressed by his sincere attitude and polite, honest and patient answers to all of our questions.

The most memorable thing to me about the competition in Daegu WAC was the disqualification of Usain Bolt due to a false start in the 100-meter men's final. A big scream sounded throughout the venue for a moment because no one expected it. He, seemingly could not control himself and threw his uniform and then left the venue shirtless. Daegu was the first WAC to apply the new false start rules that were developed after time-consuming discussions by the relevant committees, commissions and the Council of the IAAF. I was wondering how he would react to the disqualification. According to media reports, he said that he needed time to think immediately after the disqualification, and the next day saying“ It doesn't make sense to stick to the past. I will just do my best in the 200 M and 4 X 100 M relay which were left for me”. He did not make any critical statements about the new false start rules. Knowing this, I felt we were saved. I believe that his attitude of not criticizing the new rules at that time contributed to the swift establishment of the new false start rules all over the world.

On the other hand, what surprised me in a good way was that the stadium was almost full every day. Audience mobilization was a big difficulty at the 2007 Osaka WAC, so I enjoyed seeing that the Daegu stadium was full of men and women of all ages, I highly appreciated the efforts made by the officials of Daegu Organizing Committee and at the same time, I envied them. The enthusiasm and excitement of large crowd transmitted directly to the participating athletes and raised the level of performance of the athletes, which, in turn , invited even more enthusiasm and excitement from the spectators, I thought Daegu WAC was a good example of success in creating a virtuous circle between spectators and athletes.

The only medal which Japan won at Daegu WAC was Koji Murofushi's hammer throw gold medal. At the moment of Daegu WAC, Japan was still in trouble after the Great East Japan Earthquake, with an accompanying tsunami and nuclear power plant accident. President Diack of the IAAF handed a 250 thousand US dollar check to Mr.Kono, President of the JAAF as a donation for the damages caused by earthquake and tsunami, taking advantage of their meeting at Daegu WAC. On the other hand, Koji Murofushi was awarded the International Fair Play Award by the International Fair Play Commission in the presence of IAAF President Diack for his earthquake victim support activities through sports. Although it was the one and only medal for Japan, I thought that his gold medal became a symbol of giving back to the warm support given to Japan from the international athletics communities and, at the same time, it was a medal that inspired and boosted the morale of the Japanese people.

Finally, let me mention a little bitter memory too. At the IAAF Congress which was held just prior to the Daegu WAC, the electronic voting system did not work in the election of IAAF officers and it became a handwritten vote. As a result, elections that normally took about two hours were held over two days. However, the malfunctioning of electronic voting system was an internal management issue of the IAAF and had nothing to do with the Daegu Organizing Committee or Daegu Championships. Therefore, as I mentioned at the beginning, I have no doubts about my belief that the Daegu Championships was one of the most successful World Championships in Athletics.

Congratulations on publishing a memoir about the 2011 Daegu World Athletics Championships by the Korea Athletic Foundation !

대구 2011

피에르 바이스
전 IAAF 사무총장

벌써 10년! 나에게는 어제 같은데! 2011을 회상하며 수많은 좋은 추억들이 마음속에 떠오른다.

사실 2011 대구 대회는 2006년 3월 1일에 시작되었다. 당시 국제육상연맹은 공식적으로 2011년 세계 육상대회 개최지 결정을 위한 유치 희망서 신청을 받기 시작했다. 9개 도시가 초기에 관심을 표명했다. 그러나 6개 도시만 완전한 유치 희망에 나섰다.

그것은 긴 과정의 시작이었다. 서한 교환을 시작으로 모로코의 지원 세미나 참석, 2007년 2월의 대구 평가단 환영식이 이어졌다. 4개 도시들은 후보도시가 되기 위해 최선을 다했으며 바르셀로나, 브리스번 그리고 모스크바 모두 성공적이었고 긍정적이었다.

2007년 3월 27일 몸바사에서 개최된 회의 기간 중에 왜 대구시가 국제연맹 회의에서 개최지로 선택되었는가?

나의 관점에서 보자면 주요 정치 인물들의 개인적인 관여가 큰 역할을 했다고 생각한다. 사실 나른 도시에 비해 대구시와 한국은 극복해야할 장애물이 있었다. 가장 중요한 것은 육상문화의 결여였다. 당시까지 주요 대회가 열린 적이 없었고 유명한 육상선수가 없었다!

▲ 실사단 공항 환영인파

그러나 후보도시 대구에 대한 국제육상연맹의 인식의 변화는 2007년 2월에 시작되었다. 당시 평가단은 대구 공항에 도착했을 때 사진에 나타나듯이 국가 원수의 방문처럼 환영받았다. 후보 위원회가 주최한 공식적인 만찬은 TV의 주요시간대 생방송으로 중계되었다! 인상적이었다!

케냐에서 대구 대표단은 문화체육관광부 김명곤 장관과 호감이 가는 김범일 대구시장이 인솔했다.

사실, 대구에 대회가 유치되자마자 지역 조직위원회(LOC)가 설립되어 국제육상연맹과 조직위원회 간의 업무가 시작되었다.

전체적으로 보면 나는 개인적으로 9차례의 회의에 참석했다. 대부분의 회의는 대구에서 개최되었거나(2007년 1월과 2008년 12월, 2009년 9월, 2010년 4월과 12월, 2011년 4월), 모나코(2011년 1월) 또는 홍콩이었다(2010년 10월). 그 회의들은 매운 전문적이었고 매우 우호적으로 개최되었다. 기술분야 (세자르 모레노 브라보 인솔) 또는 언론 및 의료분야의 동료들은 오랜 기간 동안 준비과정을 거치면서 업무의 조건들에 관해 예외 없이 열성을 보였다.

나는 매일 접촉한 이들에 대한 멋진 추억을 갖고 있다.

• 위대한 지휘관 문동후 - 진정한 보스, 항상 미소를 지었고 매우 매우 효율적이었다.

• 그의 오른팔 제리 링 - 그의 보스와 '판박이'

• 문제를 해결하면서 항상 곁에 있었던 '써니'!

큰 관심분야는 스타디움이 육상 팬들인 관객들로 가득 차도록 하는 것이었다. 정말 그것은 주요 관심사였다!

또 한번 우리는 오류를 범했다. 9일간의 경기 기간 중에 스타디움에 빈자리가 없었고 관중들은 전문적이었다. 필요할 때 응원을 했고 어떤 순간에는 전적으로 정숙했다(예를 들면 경기의 시작 순간). 어떻게 이 기적을 설명할 수 있겠는가? 나는 '로키' 박의 역할이 그 대답이라고 생각한다. 나는 2007년 국제육상연맹 집행이사회의의 초록에서 다음 문장을 발견했다. '박정기는 집행이사들에게 배포할 한국 육상진흥에 관한 보고서를 준비했다.'

나는 이 책자가 많은 사진들을 수록했고 물론 한국어로 쓰여졌으며 그 목표는 관중들을 계도하기 위한 것이라고 기억한다. 큰 성공이었다. 로키에게 감사를 드린다.

나는 또한 유치위원회의 모든 약속들이 지켜졌다는 점을 언급해야겠다. 실제로 '선수촌'이 건설된 것이 그 한 예이며, 아직도 국제육상연맹의 세계육상대회 역사상 특이한 예이다! 문동후씨와 나는 이 특이한 시설의 건설이 시작될 때 당연히 행복했고 미소를 지었다.

이러한 것들은 나의 마지막 세계육상대회였다! 두 달 후에 나는 은퇴했다. ♧

DAEGU 2011

Pierre Weiss
Former IAAF Secretary General

10 years already! For me, it was yesterday! Coming back to 2011 a lot of (good) memories are coming back in my mind.

In fact, Daegu 2011 begun on March 1st, 2006 when the IAAF opened officially the bidding progress for the organisation of the 2011 World Championships. 9 Cities shown initially an interest, but only four went ahead for the full bidding process.

It was the start of a long progress: exchange of correspondence, attendance to the bidding Seminar in Monaco, welcome of the Evaluation Team in Daegu in February 2007. The four Bidding Cities made their best to present their candidature and the visits paid to Barcelona, Brisbane and Moscow were all successful and positive.

So why was Daegu chosen by the IAAF Council during its session in Mombasa on March 27, 2007? (Even being the IAAF General Secretary, I did not have a vote!).

It is difficult or even impossible to imagine what each of the 25

IAAF Council Members have considered before making their choice.

On my level, I think that the personal involvement of key political personalities played a great role! Indeed, Daegu and Korea had handicaps to overcome, compared to the others. The most important was the lack of Athletics Culture: no major championships organised so far; no famous athletes!

But the change in the perception by the IAAF of the Daegu candidature started in February 2007 when the evaluation team was welcome in Daegu like Head of States as it is shown in this photo taken at our arrival at Daegu Airport. The official dinner hosted by the Bidding Committee was shown live on TV as a prime-time show! Impressive!

The Delegation in Kenya was led by Mr Myung-gon Kim, Minister of Culture, Sports and Tourism and Mr Bum-il Kim, the sympathetic Mayor of Daegu.

In fact, as soon as the competition has been awarded to Daegu, the LOC was put in place and the work between IAAF and LOC started.

In total, I personally attended 9 meetings, most of them in Daegu (October 2007 – January and December 2008 – September 2009 - April and December 2010 – April 2011) or in Monaco (January 2011) or Hong Kong (October 2010) : they were nine occasions to work hard, but in a very professional manner and in a very good spirit. My colleagues from the Technical Department (led by Cesar Moreno), or from the Media, or from Medical were also unanimously enthusiastic regarding the conditions of work they had during this long phase of preparation.

I keep a marvellous souvenir of those with whom I was in contact on a daily basis :

- The 'Big Boss': Dong-hoo Moon, a real boss, always smiling but very, very efficient
- Jerry Ling, his right hand, a 'photocopy' of the boss
- 'Sunny' always available to sort a problem !

The big channel was to have a stadium full of spectators but also full of athletics-fans supporters. Sincerely, it was a major concern!

Once again, we were wrong : during the nine days of competitions, no seat was available in the stadium and the public was a very expert one, cheering when it was needed, or being totally silent at some other moments (start of races for example!). How to explain this miracle? I think that the work of Rocky Park is the reply. I found in the minutes of the IAAF Council Meeting of 2007 the following sentence: «Jung-Ki Park had prepared a progress report on the Promotion of Athletics in Korea, which had been distributed to the Council Members." I remember this book, full of pictures, in Korean language of course, whose goal was to "educate" the spectators. A success! Thank you Rocky.

I have also to mention that all the promises made by the bidding committee were kept, with for example, the building of a real “athletes’ village”. Still unique in the history of the IAAF World Championships! Mr Moon and I were rightly happy and smiling at the inauguration of this unique facilities !

They were my last World Championships! Two months later, I retired! ♧

2011 대구세계육상의 추억

사쿠라이 고지
전 일본육상연맹 전무이사

박정기 회장으로부터 2011년 대구세계육상선수권대회에 관한 기념 책자를 발간하기 때문에 나에게도 무언가 써 주었으면 좋겠다는 의뢰를 받았다. 박 회장은 내가 오랫동안 신세를 졌고 지금도 선배로서 존경하고 있다. 박 회장은 IAAF의 임원으로서 오랜 세월에 걸쳐 국제육상경기연맹에 공헌한 분으로, 내가 일본육상경기연맹의 전무이사가 된 2000년 이후에 IAAF 회의에 참석할 때마다 박 회장 부부의 모습을 보아 왔다. 일본육상연맹이 2007년 오사카 세계육상대회를 유치할 때에는 적극 도와주었다. IAAF 회의에서 박 회장의 세심한 지원으로 2007년 세계육상 오사카대회의 유치를 성공했다. 박 회장에게는 마음으로부터 감사의 인사를 드리고 싶다.

2011년의 대구세계육상대회에 관해 쓰기 전에, 먼저 나와 한국과의 인연에 대해 이야기하겠다.

1986년 아시안게임이 서울에서 열렸을 때, 처음으로 한국에 갔다. 당시 나는 일본육상연맹의 심판위원회에서 경기운영에 관여했다. 1956년 멜버른올림픽의 세단뛰기에서 7위를 하였고, 1960년 로마올림픽, 1964년 도쿄올림픽 등 3회 연속 올림픽에 출전한 경험을 살려, 지원역할인 심판을 맡게 되었다. 그래서 서울의 아시아게임에는 심판으로 참가했다. 1988년에는 IAAF의 국제기술임원(International Technical Official)이 되었다.

1988년 서울올림픽이 열렸을 때도 심판으로 참가했다.

대한육상연맹의 여러 심판들과 매일 김치 도시락을 먹으면서 경기 운영을 진행하였다. 숙소인 호텔에서, 돌아가는 길에서 바라본 한강 풍경의 아름다움을 잊을 수가 없다.

1992년 바르셀로나 올림픽도 인상에 남는 대회였다. 남자마라톤에서 한국의 황영조 선수가 몬주익 언덕에서 일본의 모리시타 선수와 격렬한 싸움을 하였지만, 결과는 황 선수의 승리였다. 그때 한국과 일본의 남자마라톤은 강했다. 당시의 일본팀의 강화담당은 고가케 신생, 다이구 선생, 야스다 선생 체제였다.

1996년의 애틀랜타 올림픽부터 고가케 본부장을 정점으로 내가 강화위원장이 되어 올림픽을 준비하게 되었다. 여자마라톤의 아리모리 유코 선수가 바르셀로나에 이어 애틀랜타에서도 연속 메달을 획득하고, 그리고 2000년 시드니 올림픽에서는 다카하시 나오코 선수가 염원의 금메달을 획득하였다.

2002년에는 아시안게임이 부산에서 개최되었다. 그때 나는 일본육상연맹의 전무이사가 되어 있었고, 일본육상선수단의 감독은 사와기 씨였기 때문에 편한 입장에서 참가할 수 있었다. 집사람 히로코가 동행하여 참가했었다. 매일 한국의 맛있는 요리, 불고기와 김치 등을 맛있게 먹은 기억이 난다.

2004년의 아테네올림픽에는 일본올림픽위원회의 홍보위원장으로서 참가했다. 여자마라톤에서 노구치 미즈키 선수가 우승, 남자 해머던지기에서도 무로후시 고지 선수가 우승해 두 개의 금메달을 획득했다.

▲ 사쿠라이 고지 전 일본육상연맹 전무이사

2005년에 아시아육상선수권대회가 인천에서 개최되었지만, 대회에 앞서 아시아육상연맹(AAA)의 총회가 개최되어 임원의 개선이 행해졌다. 일본육상연맹의 전무이사로서 사사키 씨의 뒤를 이어받아 AAA의 부회장에 입후보해 당선, 이후 2009년까지 4년간은 AAA의 부회장으로서 아시아의 대회에 관여했다.

2011년의 대구세계육상대회에는 일본육상연맹의 명예부회장으로서 참가하였다. IAAF의 임원 선거가 행해졌지만, IAAF와 AAA에 있는 지인들의 많은 입장도 있어 다나카 카츠유키씨를 임원으로 추천할 수 있도록 응원하게 되었다. 다행히 선거에서는 한국의 박 회장과 함께 다나카 씨도 당선할 수 있어 안심했다.

2011년 대구세계육상대회에서는 여러가지 화제가 있었다. 기대된 것은 자메이카의 볼트 선수였다. 볼트 선수는 2009년 베를린세계육상대회에서 '9초58'의 세계기록을 수립하였다. 대구세계육상대회에서도 그의 경기 결과가 주목받게 되었다. 그 볼트 선수가 스타트에서 부정출발을 해 실격이 되어 버렸다. 많은 관중은 크게 놀랐다. 그러나 대회를 주목받게 한 것은 역시 볼트선수였다. 200m에서는 19초40으로 우승. 또한 4×100m의 릴레이에서는 앵커를 맡아 37초 04의 세계신기록을 수립했다. 2011년의 대구는 바로 '볼트 극장'이라고 말할 수 있는 대회였다.

일본선수로 남자 해머던지기에 출전한 무로후시 고지 선수가 큰 활약을 하였다. 81m24를 던져 우승, 2004년 아테네 올림픽 우승 후 36세가 되어도 결코 끝없는 열정이 가져온 금메달이었다. 현재, 스포츠청 장관으로서 일본의 스포츠행정의 책임자로서 활약하고 있다.

2019년, 박 회장으로부터 춘천마라톤대회의 참석을 권유 받아 박 회장과는 IAAF의 집행이사 동료인 다나카씨 부부도 함께 참석했다. 춘천에서는 그리운 함기용 선생을 만날 수 있어서 기뻤다. 함기용 선생은 1950년 보스턴마라톤 우승자로 현지에는 기념상도 세워져 함기용의 존재의 크기를 느꼈다. 돌아가는 길에 서울에서는 박 회장에게 초대받아 시내의 유서 있는 조선호텔에서 만찬대접도 받았다.

2021년 코로나 사태로 1년 연기된 도쿄올림픽도 무사히 종료되었다. 일본육상연맹도 6월부터 오부시 회장, 카자마 전무이사의 신체제가 되었다.

한국과 일본과의 관계(연계)를 소중히 여기고 양국의 육상경기가 점점 발전하기를 바란다. ♧

２０１１年世界陸上Daeguの思い出

櫻井 孝次
前 日本陸連 専務理事

朴さんから２０１１年の世界陸上Daeguについて記念誌を作るので櫻井からも何か書いて欲しいとのご依頼をいただきました。朴さんには長いことお世話になり今も先輩として尊敬しています。朴さんはIAAFのカンシルとして長年に亘り国際陸上競技連盟に貢献された方で、私が日本陸上競技連盟の専務理事になった２０００年以降はIAAFの会議に出席するたびに、朴さんご夫妻の姿に接してきました。日本陸連が２００７年の世界陸上大阪大会を招致する時には特にバックアップしていただきました。IAAFの会議では、朴さんの暖かいご支援で２００７年世界陸上大阪大会の招致に成功しました。朴さんには心からのお礼を申し上げたい。

２０１１年の世界陸上Daegu大会について書く前に、私とKoreaとのつながりについて書いてみます。

１９８６年のアジア大会がソウルで行われ時に、初めてKoreaに行きました。当時、私は日本陸連の審判委員会で競技運営に関わっていました。１９５６年のメルボルンオリンピックの三段跳びで７位に入り、1960年のローマオリンピック、1964年の東京オリンピックと3回のオリンピックに出場した経験を活かして、裏方役の審判員を務めていました。したがって、ソウルのアジア大会には審判員の役で参加しました。1988年にはIAAFのInternational Technical Officialにもなっていました。

1988年のソウルオリンピックが行われた時も審判員として参加しました。

Korea陸連の審判員の方々と連日キムチ弁当を食べながら競技運営に当たっていました。宿舎となったホテルから、行き帰りの道で眺めた漢江の流れの美しさを忘れることは出来ません。

1992年のバルセロナオリンピックも印象に残る大会でした。男子マラソンでKoreaの黄選手がモンジュウイックの丘で日本の森下選手と激烈な争いを演じましたが、結果は黄選手の勝利でした。あの頃はKoreaも日本も男子マラソンは強かったですね。当時の日本チームの強化は小掛さん、大串さん、安田さんの体制でした。

1996年のアトランタオリンピックからは小掛本部長のもとに櫻井が強化委員長になり、オリンピックを戦うことになります。女子マラソンの有森選手がバルセロナに続いてアトランタでも連続してメダルを取り、そして2000年のシドニーオリンピックでは高橋選手が念願の優勝を果たして金メダルを獲得致しました。

2002年にはアジア大会が釜山で開催されました。この時は、日本陸連の専務理事になっており、日本陸上選手団の監督は澤木さんだったので、気楽な立場で参加することが出来ました。家内の宏子を同行させての参加でした。連日、Koreaの美味しい料理、ブルユギやキムチなどを楽しませていただきました。

２００４年のアテネオリンピックには日本オリンピック委員会の広報委員長として参加しました。女子マラソンで野口選手が優勝。男子ハンマー投でも室伏選手が優勝して、二つの金メダルを獲得します。

２００５年にアジア陸上選手権大会がInchonで開催されましたが、大会に先立ち、AAAの総会が開催されて役員の改選が行われました。日本陸連の専務理事として、佐々木さんのあとを受けてAAAの副会長に立候補して当選。以降、２００９年までの４年間はAAAの副会長としてアジアの大会に関わります。

２０１１年の世界陸上Daegu大会には日本陸連の名誉副会長として参加しました。IAAFの役員改選が行われましたが、IAAFやAAAに友人の多い立場もあり、田中克之さんをカンシルに推すべく応援に行くことのなったのです。幸い選挙ではKoreaの朴さんと共に田中さんも当選することが出来てほっとしました。

２０１１年の世界陸上Daegu大会ではいろいろな話題がありました。期待されたのがジャマイカのボルト選手でした。ボルト選手は２００９年の世界陸上ベルリン大会で９秒５８の世界記録を樹立しています。世界陸上Daegu大会でもその走りが注目されました。そのボルト選手がスタートでフライングをしてしまい失格となってしまいました。大観衆は呆然としました。しかし、大会を沸かせたのはやはりボルト選手でした。２００mでは１９秒４０で優勝。更に４×１００mのリレーではアンカーを務めて３７秒０４の世界新記録を樹立しました。２０１１年のDaeguはまさに「ボルト劇場」と云われる大会でした。

日本選手で活躍したのは男子ハンマー投げに出場した室伏選手

でした。８１m２４を投げて優勝。２００４年のアテネオリンピック優勝後、３６歳になっても尽きない情熱がもたらした金メダルでした。現在、スポーツ庁長官として日本のスポーツ行政の責任者として活躍しています。

２０１９年、朴さんからChunCheonマラソン大会のお誘いを受けました。朴さんとはIAAFのカンシル仲間である田中さんご夫妻もご一緒でした。Chun Cheonでは懐かしい咸基鎔さんにお会いすることが出来、嬉しく思いました。咸基陽さんは１９５０年のボストンマラソン優勝者で地元には記念の像も建てられており、咸基鎔さんの存在の大きさを感じました。帰途、ソウルでは朴さんに招かれて市内の由緒ある9thホテルでご馳走になりました。

２０２１年、コロナ禍で１年延期された東京オリンピックも無事に終了しました。日本陸連も６月から尾縣会長、風間専務理事の新体制になりました。

Koreaと日本とのつながりを大切にして、両国の陸上競技がますます発展することを願っています。♧